Mensch,
Papa!

Mensch, *Papa!*

Vater werden –
Das letzte Abenteuer.
Ein Mann erzählt

Von Kester Schlenz

Ein Brigitte-Buch
im Mosaik bei Goldmann Verlag

Illustrationen:
Detlef Kersten

16. Auflage

Homepage: www.kester-schlenz.de

© 1996 by Wilhelm Goldmann Verlag, München,
ein Unternehmen
der Verlagsgruppe Random House GmbH
Lektorat: Marita Heinz
Layout und Satz: Rita Gerstenbrand
Umschlaggestaltung: Martina Eisele
Umschlagfoto: Marion Strey
Druck und Bindung: Clausen & Bosse, Leck
Printed in Germany
ISBN 3 - 442 - 39048 - 6

Inhalt

»Ein kleiner, blauer Ring«
Der Schwangerschaftstest und die Folgen

Mein Sohn Henri war blau! Das erste, was ich von ihm sah, war ein blauer, kleiner Ring in einem winzigen Reagenzglas. Henri war zwar erst ein winziger Zellhaufen in Gesas Gebärmutter, aber hier, durch eine Verfärbung im Röhrchen des Schwangerschaftstestes, tat mein Sohn eindeutig und unmißverständlich kund: »I'm on my way!«

Eigentlich war ja noch gar kein Kind geplant. Oder besser gesagt: Wir waren uns sicher, daß wir eines wollten, wußten aber nicht, wann wir es wollten. »Der Zeitpunkt muß richtig sein«, sagte ich immer in schlichter Weisheit und klang dabei so altklug wie Witta Pohl in den »Drombuschs«.

Ich kannte das Problem aus meinem Freundeskreis. Die einen waren zu früh dran, wie mein Freund »Dedel«. Er hatte seine Freundin nach einem Schulfest im Volvo seines Vaters geschwängert. Dedel dachte wohl, der Wagen sei so sicher, daß nichts passieren könne. Sie bekamen das Kind und trennten sich ein Jahr später. Und dann kannte ich auch ein paar Absichtserklärungs-Experten, die so lange ankündigten, »ganz sicher Kinder zu wollen«, bis es eines Tages zu spät war. »Wir wollten ja. Aber mit 40? Du weißt ja, die biologische Uhr tickt gnadenlos«.

Nein, so sollte es bei uns nicht enden. Aber mußte es jetzt schon sein? Dabei wußte ich, daß ich nur Angst vor meiner eigenen Courage hatte. Der Zeitpunkt war nämlich goldrichtig. Ich war 33, hatte einen festen Job und fühlte mich, bis auf die typischen Zipperlein eines Hypochonders (»Meinst du nicht auch, daß dieser Leberfleck größer geworden ist, Schatz?«), recht wohl. Gesa war 27, studierte Kostümdesign und war sich sicher, daß sie (irgendwann) Kinder wollte.

Um unsere Beziehung stand es ebenfalls sehr gut. Wir hatten uns gerade, nach neun gemeinsamen Jahren, entschlossen, im Frühsommer zu heiraten. Außerdem bekamen viele unserer Freunde Kinder am laufenden Band, was wir jedesmal klasse fanden. »Wir wollen ja auch bald«, sagten wir immer entrückt grinsend, wenn wir einen der kleinen Würmer auf dem Arm hielten.

In diesen Momenten merkte ich deutlich, daß ich für eine Vaterschaft im wahrsten Sinne des Wortes »reif« war. Das Gefühl, ein Baby im Arm zu halten, zu spüren, wie seine kleine Hand sich um meinen Zeigefinger schloß, das war einfach wunderbar. Babys, die ich früher als süße, aber letztlich uninteressante kleine Schreihälse empfand, hatten plötzlich eine geradezu magische Ausstrahlung auf mich. Dauernd ließ ich mir Kinder reichen und genoß es, wenn jemand sagte »Du kannst aber gut mit den Zwergen.« Wie toll muß es erst sein, sein eigenes Kind so im Arm zu halten? fragte ich mich, und begann immer öfter darüber nachzudenken, wie ich mich als Vater wohl fände. Gut fand ich mich. Richtig gut. »Aber vielleicht noch nicht sofort,« flüsterte dann meist eine warnende, leise Stimme in meinem Hinter-

kopf. Die wurde jedoch jedesmal leiser. Auf der Straße guckte ich in jeden Kinderwagen und begann Gespräche mit den Müttern. Mein Freund Meck riet mir dringend zur Vaterschaft. Er könne mein süßliches Gesülze auf offener Straße bald nicht mehr ertragen. Nach und nach entwickelte ich den Ehrgeiz, das richtige Alter der Kleinen zu erraten. Nach anfänglichen schweren Reinfällen (»Der ist doch sicher schon ein Jahr, nicht wahr?« – »Also bitte, sie ist vier Monate!«) war ich darin bald sehr gut und riet meist plus/minus einen Monat richtig. Einmal fragte mich eine Mutter »Wie alt ist Ihres denn?« War ein dolles Gefühl, für einen Vater gehalten zu werden.

Meiner Frau erging es ähnlich. Wenn sie mit ihren beiden Neffen spazierenging, wurden die blonden Knaben immer für ihre Söhne gehalten, was sie ebenfalls äußerst angenehm fand. Kurzum: Eigentlich waren wir kinderreif! Überreif!

Trotzdem mochte keiner von uns sagen: »Lassen wir die Verhütung: Jetzt beginnt die Produktion.« Aber wir wurden nachlässiger. Wenn wir glaubten, Gesa sei nicht fruchtbar, ließen wir schon mal länger als der Storch erlaubt die Präservative weg. Ja, und dann ist es eben passiert. Nicht direkt geplant, aber auch nicht konsequent verhindert. Wahrscheinlich ist das die beste Methode, um das ewige Zaudern in den Griff zu kriegen.

Gesas Periode war plötzlich ausgeblieben, und sie sagte in der für sie typischen Weise: »Ich glaube es zwar nicht, aber es könnte womöglich sein, daß ich schwanger bin, aber nein, eigentlich denke ich, daß ich es nicht bin, andererseits ...«

Ich rannte sofort los, um in einer Apotheke einen

Schwangerschaftstest zu kaufen. Das Wunderbare an diesen Dingern ist, daß man mit ihnen in einer Atmosphäre entspannter Zweisamkeit erfährt, ob oder ob nicht. Es dauert ein paar Minuten, bis das Ergebnis sichtbar wird. Ein paar Minuten, und dann weißt du, ob du Vater bzw. Mutter wirst. Sehr praktisch und fast ein wenig verschwörerisch. Früher mußten Frauen ja umständlich zu Ärzten gehen, die dann nach der Untersuchung Sätze wie »Gratuliere, Sie haben empfangen« hervorbrachten, als ob die Frauen Radios wären. Es war doch ziemlich blöd, daß früher der erste Mensch, der wußte, ob ein Kind unterwegs ist, ein Fremder in einem weißen Kittel war. So ein Schwangerschaftstest sorgt endlich für elterliche Intimität.

Wir hatten das kleine Röhrchen in Gesas Zimmer aufgestellt, saßen aufgeregt auf meinem Sofa — und warteten. Nach drei Minuten ging ich rüber und sah Henris Zeichen. Für einen kurzen Augenblick blieb ich ganz allein dort stehen. »So, mein Alter«, dachte ich. »Jetzt ist es also soweit. Du wirst Vater. Hi, Papa, Vati, Vadder, Daddy. Mit 33 Jahren. Gute Sache, das.« Aber gleich darauf kam die Frage: »Bist Du dafür nicht eigentlich noch ein viel zu großer Kindskopf?« Die Beantwortung wurde vertagt.

Ich lief zu Gesa und sagte: »Hallo, Mutti«. Eigentlich ziemlich blöd. Aber man fängt als werdender Vater ziemlich schnell an, Sachen zu sagen und Dinge zu tun, die man vorher weit von sich gewiesen hat. Gesa blieb ganz still auf dem Sofa sitzen und lächelte ein wenig erschrocken. Ihre Hand ruckte unwillkürlich auf ihren Bauch. Ein Bild, daß ich gern festgehalten hätte, denn in diesem Moment sah ich Gesa mit ganz anderen Augen als bisher. Dort saß jetzt nicht nur meine Lebensgefährtin, sondern auch die werdende Mutter meines, unseres Kindes. Jetzt hatte ich keinen Zweifel mehr, daß der Zeitpunkt genau richtig war. Ob nun Kindskopf oder nicht. Ich wollte dieses Kind, mit dieser Frau, wie noch nichts anderes auf der Welt. Ich plumpste aufs Sofa, umarmte Gesa und fing an, wie Eddie Murphy zu lachen und grunzen, wie ich es manchmal mache, wenn ich mich sehr freue. Gesa sagte: »Vielleicht hätten wir doch warten sollen, bis du groß bist.«

Wir lachten, aber auf einmal wurde Gesa doch etwas nachdenklich. Ihr wurde plötzlich die Endgültigkeit der Situation klar. Der Countdown lief. In neun Monaten würden wir ein Baby haben. Für eine Abtreibung gab es keine überzeugenden Gründe. Es geschah jetzt also etwas mit ihrem Körper, auf das sie keinen Einfluß mehr hatte. Und das machte ihr jetzt doch etwas Angst. »Ich werde gebären«, sagte sie. »Klingt das nicht furchtbar?« Aber im Laufe des Abends verflog dieses Gefühl. Wir blieben noch lange auf dem Sofa sitzen. Einfach so und genossen die Situation totaler Zweisamkeit.

Erst einmal wollten wir niemandem etwas erzählen. Die Schwangerschaft sollte für eine kurze Zeit unser ganz persönliches Geheimnis sein. Aber schon nach einem Tag siegte der Mitteilungsdrang. Ich mußte einfach meine Eltern anrufen. Sie wünschten sich schon lange einen Enkel, hatten sich aber noch auf einige Wartezeit eingerichtet. Ich hatte die grandiose und irre ausgefallene Idee, mich bei meiner Mutter am Telefon mit »Hallo Omi!« zu melden. Sie hat natürliche sofort geschaltet, sich wahnsinnig gefreut und meinem Vater zugerufen

»Hallo Opa«. Scheint in der Familie zu liegen, diese Art der Formulierung.

Gesa rief ebenfalls ihre Eltern an. Ihre Mutter freute sich sehr über ihr nun drittes Enkelkind, und auch ihr Vater, der mich bei Amtsantritt als Freund seiner jüngsten Tochter noch für einen Totalflop hielt, war hocherfreut. Mittlerweile mochten wir uns gegenseitig recht gerne.

Dann rief ich Ducken an. Das ist mein Bruder. Eigentlich heißt er ja Gerald, aber alle nennen ihn nur Ducken, weil er früher massenweise Donald-Duck-Hefte gelesen hat. Raten Sie, was ich am Telefon sagte? Richtig! »Hallo, Onkel.«

Ducken brauchte etwas länger, denn wir reden uns am Telefon häufig mit unsinnigen Namen an. Als ich ihm dann unmißverständlich klarmachte, daß er tatsächlich Onkel wird, war er umgehend begeistert, versprach, diesen Job gewissenhaft zu erledigen und wollte seinem Neffen oder seiner Nichte sofort eine größere Sammlung Donald-Duck-Hefte übereignen.

Danach rief ich meine Schwester an, erntete ebenfalls Begeisterung und war unheimlich stolz. Worauf eigentlich? So groß war meine bisherige Leistung ja nun wirklich noch nicht. Aber ich merkte, daß von diesem Tag an etwas entscheidend anders war. Der endgültige Abschied von der Kindheit stand bevor. Mama, Papa, Tante und Onkel, das waren Begriffe, die meine Geschwister und ich als Kinder und sogar als Erwachsene noch gebrauchten – für sehr viel ältere Leute. Jetzt bezeichneten sie uns selber. Generationswechsel. Ich sah uns schon auf Familientreffen, die eigenen Kinder auf dem Arm, mit gütigem Blick auf Nichten und Neffen hinabschauen und

Sätze wie »Bist du aber groß geworden« oder »Nein, wie der Peter wächst« sagen. Genau die Sprüche also, die wir selber damals immer so doof fanden.

Noch war an diesem Tag die familiäre Benachrichtigungsorgie nicht zu Ende. Gesa rief nun ihre Geschwister an. Britta, ihre älteste Schwester, fand es »süß«, daß wir ein Kind bekommen, was Gesa ein wenig ärgerte, weil sie trotz aller Freude und allen Wohlwollens eine kleine Portion Herablassung herauszuhören meinte. Britta ist Mutter zweier knackiger Knaben und einer niedlichen Tochter und hat natürlich jede Menge Erfahrung. Wir sollten schnell lernen, daß man von »erfahrenen Eltern« sofort jede Menge Ratschläge erhält, die immer so wirken, als ob weise, milde lächelnde Druiden die doofen Novizen in die Geheimnisse des Seins einführen. Wir benahmen uns später genauso.

Zu diesem Zeitpunkt konnte ich mir noch nicht recht vorstellen, wie es wohl als Vater sein würde. Wenn ich abends nach der Arbeit nach Hause kam, dachte ich immer: Wo wird später die Wiege stehen? Wird unser Kind

dann wohl gerade schlafen oder wach sein? Wie wird es aussehen, wenn Gesa auf dem Sofa sitzt und ihm die Brust gibt? Nicht gerade weltbewegende Fragen, aber genau die gingen mir ständig im Kopf rum. Dann kam der nächste Hammer.

Auf einer Geburtstagsfeier überraschte unser Freund Heiko uns mit der Mitteilung, er habe in unserem Traumdorf am Rande Hamburgs ein Haus zum Verkauf entdeckt, das genau richtig für uns sei. Wir fuhren sofort los, und als wir vor dem kleinen Backsteinhaus mit dem verwilderten, großen Grundstück inmitten von Wiesen standen, wußten wir sofort: das oder keines. Wir hatten beide nicht die geringste Ahnung von Hypotheken, Zinsniveaus, Finanzierungsmodellen usw. Eigentlich wußten wir noch nicht mal, wie man das überhaupt anstellt, ein Haus zu kaufen. Ich hatte wirklich Angst vor diesem Schritt, vor den Schulden, vor den nötigen Umbauten und all den Terminen mit Maklern, sogenannten »Veräußerern« und Anwälten. Außerdem versuchte ich mich ja gerade an den Gedanken zu gewöhnen, Vater zu werden. Wenn Gesa nicht so hartnäckig gewesen wäre, ich hätte wohl gekniffen. Also lernten wir in null Zeit, was nötig ist, um Land und Haus zu erwerben und wälzten allabendlich Unterlagen. Jetzt begann es, in meinem Leben langsam kritisch zu werden: Vater in der Warteschleife und dann noch ein Hauskauf. Gesa hatte einige Mühe, mich wieder aufzurichten. »Das Haus«, sagte sie, »können wir ja immer wieder verkaufen, wenn wir's nicht packen. Unser Kind können wir auch woanders großziehen. Das machen andere auch.« Stimmt, dachte ich, aber andere haben auch bessere Nerven als ich.

»Muß ich jetzt seriös werden?«

Die ersten Monate

Gesa verbat sich jeden Fürsorgeterror. Sie fand es schrecklich, daß ihr Leute schon im ersten Monat Kissen in den Rücken zu schieben versuchten oder ihr mit den Worten »Herrje, Kind, das ist doch viel zu schwer für dich« ein Cola-Glas aus der Hand rissen.

Alles sollte so lange so normal sein wie irgend möglich. Und so habe ich die ersten Monate von Gesas Schwangerschaft als relativ unaufgeregt empfunden. Weder mußte meine Frau fortwährend brechen, noch hatte sie – von wenigen Ausnahmen abgesehen – irgendwelche vorgeburtlichen Depressionen. Ihr ging's grundsätzlich prima. Die Depressionen hatte ich! Denn mit der Erkenntnis, daß ich nun also Vater werden sollte, kam auch die Grübelei über das, was man so sachlich »Lebensentwurf« nennt. Wenn ich in meinem Zimmer saß und über die Zukunft nachdachte, sah ich plötzlich ein Schild vor mir. Darauf stand ziemlich groß: VERPFLICHTUNGEN, JUNGE, DU HAST JETZT VERPFLICHTUNGEN. Und wenn ich abends im Badezimmer darüber nachdachte, daß ich beruflich ja noch einiges ausprobieren, immer mal wieder den Job wechseln wollte, dann schwebte hinter der Badewanne ein zweites Schild hervor: ALTER, KANNST DU NOCH RISIKEN EINGEHEN?

Es gab keinen Zweifel: Ich mußte solide werden. Vor ein paar Jahren war ich noch Schlagzeuger der legendären »Sadoboys« gewesen, und nun dachte ich über einen Bausparvertrag und Wickelkommoden nach. Ich begann mir darüber klar zu werden, daß ich jetzt auf meine innere Visitenkarten neben »Journalist«, »bekennender Quatschkopf« und »verkrachter Musiker« auch noch die knarzend spießigen Titel »Ernährer« und »Familienvater« würde setzen müssen. Und das, dachte ich immer wieder, DAS VERPFLICHTET DOCH SO. Da kann ich ja nicht mehr sagen: Jetzt schmeiß ich alles hin und mach' mal was ganz anders. Mein Freund Michael fand

mein Problem amüsant: »Mal ehrlich«, sagte er. »Wie oft im Leben schmeißt man alles hin und macht was ganz anders? Praktisch nie. Vor allem du nicht«, fügte er gemeinerweise noch hinzu und spielte auf meine gegen Null tendierende Risikobereitschaft an. Ich ließ jedoch nicht locker. »Aber daß man als allein für sich Verantwortlicher alles hinschmeißen KÖNNTE, wenn man wollte, das ist doch Klasse, und das werde ich als Vater vermissen.«

»Wirst du nicht«, sagte Michael. »Dazu hast du dann als Vater gar keine Zeit mehr.« Er wußte, wovon er redete. Er hatte zwei (jetzt drei) Kinder und – wie immer – recht.

Seit unser Sohn da ist, habe ich über diese Frage eigentlich kaum noch nachgedacht. Eher über etwas ganz anderes, das vor Henris Geburt gar nicht zur Disposition stand, über die Frage nämlich, ob ich nicht Teilzeit-Hausmann sein könnte. Will ich wirklich, so fragte ich mich immer wieder, weiter ganztags arbeiten und mein Kind nur an kurzen Abenden und am Wochenende sehen? Einerseits, andererseits ist die eindeutige Antwort. Mit anderen Worten: der Entscheidungsprozeß dauert an.

Als Gesas Schwangerschaft feststand, mußten wir die künftige Rollenverteilung klären. Für uns war klar, daß einer auf jeden Fall ständig zu Hause bleiben muß, zumindest bis Henri in den Kindergarten konnte. Gesa ist gelernte Schneiderin und Direktrice. Berufe, die gewöhnlich nicht gerade umwerfend gut bezahlt werden. Außerdem studierte sie damals Kostümdesign und hatte gegen eine Studienpause nichts einzuwenden. Ich war Redakteur bei der BRIGITTE. Keine Frage, ich konnte die meiste Kohle ranschaffen und sollte fortan der Geldverdiener in unserer Familie sein. Diese Entscheidung, das muß ich zugeben, war mir damals verdammt recht. Ich war ziemlich froh, daß die sogenannten Sachzwänge uns die Entscheidung abnahmen. Denn ein Leben als Hausmann konnte ich mir damals überhaupt nicht vorstellen, und wenn ich ehrlich bin, habe ich damit auch heute noch meine Schwierigkeiten (wenn auch nicht mehr ganz so große). Sicher, ich wollte ein Spitzen-Papa werden und mich um alles »ganz doll kümmern«. Aber meinen Job aufzugeben, das hätte mir ziemliche Probleme bereitet. Heute sieht die Sache schon etwas anders aus.

Meinen Job will ich zwar immer noch nicht aufgeben, aber irgendwann mal halbtags zu arbeiten, um Gesa dann zu Hause abzulösen – das könnte ein Zukunftsmodell sein. So mancher Vater in meinem Freundeskreis hat seine Meinung über die traditionelle Rollenverteilung nach und nach ebenfalls verändert. Zumindest die, die an der Erziehung und Entwicklung ihrer Kinder teilhaben wollen. Was man als berufstätiger Vater alles versäumt, ist manchmal zum Heulen. Aber es gibt ein paar gute Tips, um das zumindest etwas auszugleichen (siehe das Kapitel »Du denkst nur noch an das Kind«, ab Seite 173).

Zum Glück hatte meine Frau damals nichts dagegen, ein paar Jahre nicht in ihrem Beruf zu arbeiten, sondern Fulltime-Mutter und -Hausfrau zu sein. Bis heute leben wir mit dieser Entscheidung recht gut. Aber wir merken, daß wir uns beide viel Mühe geben müssen, den Alltag des anderen nicht zu gering zu schätzen. Zu diesem Problem später mehr (im Kapitel »Werden wir Spießer?« ab Seite 187).

Die Rollenverteilung war also – vorerst – geklärt. Wir konnten uns den nächsten Schritten widmen. Literatur wurde angeschafft. Wir verschlangen Werke von Frédérick Leboyer, einem der Pioniere der sanften Geburt. Selbst wenn der alte Herr manchmal in seiner Wortwahl etwas blumig und leicht versponnen wirkt: sein Klassiker »Der sanfte Weg ins Leben – Geburt ohne Gewalt« ist auch für jeden werdenden Vater Pflichtlektüre und stimmt so richtig schön auf das Kommende ein. Was hinterher wirklich umsetzbar ist, ist eine ganz andere Frage. Bei Kerzenlicht und einem selbstverständlich alkoholfreien Drink stellten wir uns – Leboyer unterm Arm – vor, wie wunderbar sanft wir unser Kind auf die Welt holen wollten. Langsam, aber sicher begann das werdende Kind in meinem Kopf Gestalt anzunehmen. Ich versuchte mir vorzustellen, wie es wohl aussehen würde, blätterte alte Fotoalben aus meiner Kindheit durch und schwelgte in romantischen Imaginationen unseres künftigen Lebens zu dritt. Wenn wir abends auf unserem durchgesessenen Schaumstoffsofa saßen und fernsahen, lasen oder Musik hörten, dann stellten wir uns immer vor, wie das Baby zwischen uns in der Mitte sitzen würde – klein, dick, weich und witzig. Ich weiß nicht, warum mir ausgerechnet diese Vorstellung so sehr im Gedächtnis geblieben ist. Vielleicht, weil ich unsere gemeinsamen Kuschelabende nach einem Arbeitstag auf unserem Sofa immer so genoß (und genieße) und das Kind als die perfekte Ergänzung ansah.

Bis zum Ende des dritten Monats passierte bei Gesa körperlich nicht sehr viel, zumindest äußerlich nicht. Für mich war sie immer noch die gleiche. Als Mutter sah ich sie noch überhaupt nicht.

Trotzdem merkten wir, wie sehr wir uns zu verändern begannen. Früher hatte ich Kindermode vollkommen ignoriert. Jetzt blieb ich vor jedem Schaufenster stehen und überlegte, ob wohl irgend etwas davon für unser Kind in Frage käme. Schließlich wollte ich in Stilfragen ein entscheidendes Wort mitreden. Und Spielzeugläden, in die ich immer schon gerne ging, waren jetzt ein Muß bei jedem Einkaufsbummel. Schon zu diesem Zeitpunkt nahmen wir einen kleinen Konflikt vorweg. Gesa favorisierte sinnvolles Spielzeug mit Gütesiegel. Ich plante eine Sauriersammlung. Mir erschien eine möglichst große Monstersammlung elementar wichtig. »Kinder brauchen Saurier. Das habe ich mal bei einem Psychologen gelesen«, verteidigte ich mich. Es hieß in dem Buch allerdings »Kinder brauchen Märchen«, wie ich nach einem intensiven Verhör zugeben mußte. Aber da kommen ja schließlich jede Menge Drachen vor.

Im ersten Jahr beschränkte sich Henris Repertoire allerdings ohnehin auf Rasseln, Greifringe, Mobiles und Spieluhren.

Gesa begann in dieser Zeit wie wild zu nähen und stricken. Als Schneiderin fand sie es besonders befriedigend, daß man die Mini-Größen praktisch in Nullzeit herstellen konnte. »Jetzt guck dir diese Hose an«, sagte sie oft und hielt dann eines der winzigen Exemplare hoch. »Die hab' ich heute morgen zugeschnitten, und nun ist sie schon fertig.« Leider konnte ich sie nicht davon überzeugen, daß ein kleiner Supermann-Anzug mit einem roten Cape, einem blauen Strampelanzug und einem großen »S« auf der Brust eine Spitzenidee wäre, und einem Jungen wie einem Mädchen prima stünde. »Das Kind ist noch nicht mal halb fertig, und du fängst schon an, es zu verarschen«, sagte sie, und damit war das Thema durch. Ich habe aber noch nicht aufgegeben. Zu seinem ersten Fasching will ich Henris Supermann-Kostüm durchsetzen.

Damals wußte ich natürlich noch nicht, daß wir einen Jungen bekommen. Wir versicherten uns gegenseitig

immer wieder, daß es uns wirklich schnurzegal sei. »Hauptsache gesund« sagten wir immer – wie die meisten Eltern. Gesa war es offenkundig wirklich egal. Und mir (fast) auch. Ein klein wenig hoffte ich im stillen dennoch, daß es ein Junge würde. Wichtig war mir das wirklich nicht. Aber, so dachte ich, ich bin ja selber Sohn meines Vaters und meiner Mutter. Und irgendwie glaubte ich, ein bißchen besser darüber Bescheid zu wissen, wie Jungen sich so fühlen und was sie von ihrem Vater erwarten. Als ich doch einmal mit Gesa darüber sprach, runzelte sie die Stirn, lachte schließlich und meinte: »Du kannst nicht Fußball spielen, unser Auto nicht reparieren und kriegst kaum einen Nagel gerade in die Wand. Mit einem Mädchen hättest du es in Sachen Vorbildfunktion doch wirklich einfacher.« Ich hatte das verdammte Gefühl, mit meinen Reflektionen über das Mann-Sein nicht ganz ernstgenommen zu werden.

Außer uns wußten gegen Ende des dritten Monats nur unsere Eltern und Geschwister von der Schwangerschaft. Es wurde Zeit, die Freunde einzuweihen.

Der richtige Zeitpunkt schien uns nach der Hochzeit zu sein. »Sonst werde ich bei der Feier dauernd auf das Kind angequatscht und gefragt, ob mir übel ist«, meinte Gesa. »Also sagen wir's allen hinterher.«

Die Hochzeit hat uns dann schwer Nerven gekostet. Der übliche Ärger mit Eltern und Verwandten blieb auch uns nicht erspart. Wahrscheinlich entdecken Soziologen in Kürze ein geheimes Gesetz, das Eltern und Kinder einfach zwingt, sich vor einer Heirat zu streiten. Die große Feier mit Freunden und Familie war dafür aber ein echter Hit, und in bester Stimmung weihten wir die ersten ein.

Diejenigen mit Kindern freuten sich und sagten Dinge wie »Willkommen im Club« oder »Wurde ja auch Zeit«. Die ohne Kinder freuten sich ebenfalls (allerdings mehr für uns), ließen es sich aber nicht nehmen, Bemerkungen wie »Wieder zwei weniger, mit denen man vernünftig reden kann«, hinterherzuschicken. Mein Freund Ulf (kinderlos) gratulierte mir und sagte: »Glückwunsch, du wirst bald nachts nicht mehr durchschlafen. Du wirst die Pokerrunde vernachlässigen und mit anderen Eltern dauernd über die Frage reden, ob man besser Stoff- oder Papierwindeln nimmt.« Er hatte recht – aber die Pokerrunde habe ich nicht vernachlässigt. Irgendwie muß man sich ja auch treu bleiben – zumindest teilweise.

»Borckhild, Bertold, Bart«
Die Namensdiskussion

B art«, sagte meine Mutter. »Wenn es ein Junge wird, könnt ihr ihn doch Bart nennen.« Schon in den ersten Monaten waren wir natürlich wild auf Namenssuche, und jeder hatte dazu einige, zum Teil äußerst abwegige, Vorschläge beizutragen. Meine Mutter schlug also allen Ernstes »Bart« vor. Der Name sei selten und klänge schön. Selten war er, aber wir fanden, er klang nach Hund. Dabei will ich die Autorität meiner Mutter in Namensdingen gar nicht anzweifeln. Immerhin hat sie den Namen Kester für mich ausgewählt, mit dem ich immer zufrieden war. Aber Bart?

Außerdem haben seltene, exotische Vornamen – bei allen Vorteilen – auch ihre Tücken. Man muß sie ständig wiederholen, wenn man jemanden kennenlernt. Und wenn man in der Schule einen neuen Lehrer bekommt, wird man am Anfang dauernd drangenommen, weil der Lehrer sich Bart, Ona oder Zipp eben gleich merken kann. Wenn man nicht drangenommen werden will, möchte man dann schnell Peter heißen. Ich weiß, wie das ist (»äh, also, wer kommt an die Tafel, ach ja, Kester, bitte«).

Darüber hinaus werden seltene Namen ständig falsch geschrieben, falsch ausgesprochen, verstümmelt oder noch Schlimmeres. Ein Freund von mir trägt den indischen

Vornamen Vinod, sein Nachname ist Sodhi. Als er einmal bei einem Schul-Handball-Turnier zwei Tore warf, schrieb sich ein Lokal-Reporter seinen Namen auf. Am nächsten Tag stand in der Zeitung: »Je ein Tor warfen Kinad und Sadi.«

Ja, und dann kenne ich noch Leute, die ihre Tochter Zoe genannt haben. Das wird »So-I« ausgesprochen. Aber das weiß ja kein Schwein. Also wird das Kind dauernd »Tsoe« oder »Zö« genannt. Das ist auf die Dauer nervtötend. Dabei haben es die Eltern sicher gut gemeint.

Der Nachname muß dann schließlich auch noch zum erwünschten Exoten-Vornamen passen. Da kann man wirklich viel falsch machen. Manche Kombinationen sind doch grauenhaft: Anastasia Meier, Jacqueline (»Schakkeline«) Schlonz, Brutus Müller oder Desdemona Petersen – wie klingt denn das?

Wir suchten und suchten. Fritz oder Johanna? Mangold oder Martha? Paul oder Janne?

Ich hatte bei der ganzen Namensdiskussion eigentlich sehr gute Karten. Weil wir uns vor unserer Heirat (es galt noch das alte Namensrecht) einfach nicht einigen konnten, wer seinen Geburtsnamen ablegt, habe ich mich nach zähem Ringen schließlich entschlossen, ein moderner Mann zu sein und zu verzichten. Allerdings nicht ganz. Ich trage einen dieser schrecklichen Doppelnamen. Schlenz-Steinrück heiße ich eigentlich, aber das gebe ich nur bei Behörden an. Unser Kind würde jedoch den Nachnamen Steinrück tragen. Das stand nun mal fest. Wegen des mutigen Verzichtes, der meine Eltern zeitweilig schwer vergrätzte, hatte ich sozusagen das moralische Recht, zumindest bei der Wahl des Vorna-

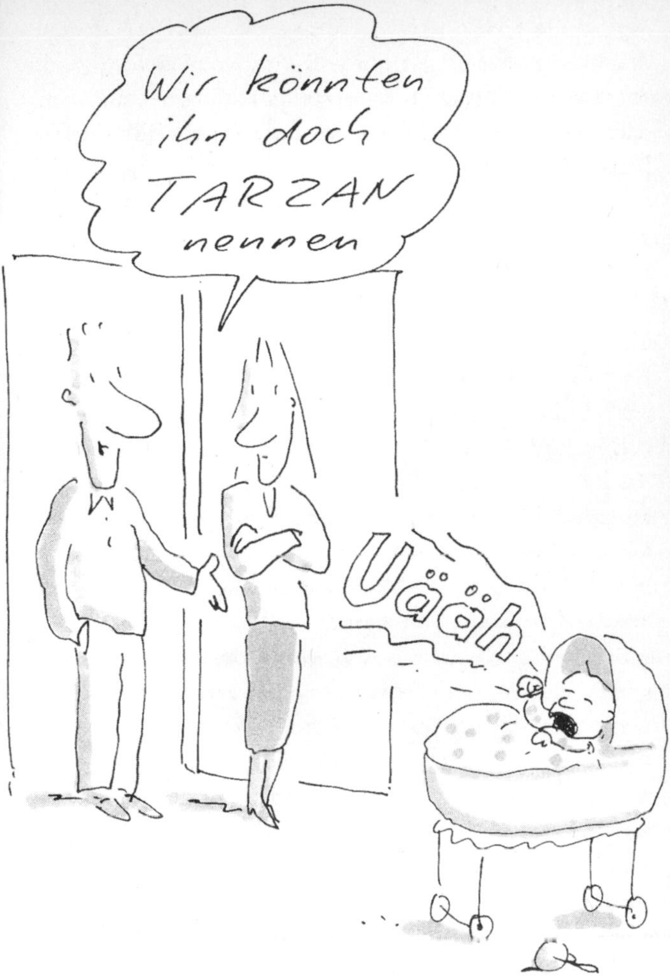
Wir könnten ihn doch TARZAN nennen
Uääh

mens nicht auch noch den kürzeren zu ziehen. Mit diesem entscheidenden Vorteil ging ich ins Namensrennen. Anfangs machten wir noch Witze. Ich schlug den männlichen Vornamen »Doktor« vor, dann bräuchte das Kind gar nicht erst zu studieren. Nach und nach wurde uns jedoch klar, daß die Namenssuche sehr viel schwieriger war, als wir ursprünglich gedacht hatten.

Eine der gerade aktuellen Modenamen schied für uns total aus. Ich weiß noch, wie doof wir es als Schüler immer fanden, daß es in jeder Klasse drei Thomasse, vier Sabines, fünf Michaels und zwei Petras gab. Wenn die Kinder der heutigen Elterngeneration in die Schule gehen, wird es ebenso viele Patricks, Dennis', Marias, Fabians und Sandras geben. Bestimmte Namen liegen einfach schwer im Trend. Da heißt es aufpassen, wenn man nicht will, daß der Nachwuchs schon im Kindergarten nur anhand einer Nummer hinter dem Vornamen unterscheidbar ist. Nein, wir wollten einen Mädchen- und Jugennamen, selten, aber nicht zu exotisch, wohlklingend, aber nicht gestelzt, kurz, aber nicht einsilbig – mit anderen Worten: Wir wollten die Quadratur des Kreises.

»Ich habe euch durchschaut«, dozierte in diesem Zusammenhang mein gelehrter Freund Klaus. »Die Namensgebung für das Kind hat insbesondere in der Mittelschicht eine distinktive Funktion. Leute wir ihr suchen sich einen seltenen Namen für ihr Kind, um sich aus der Menge der Kleinbürger herauszuheben. Sie wählen jedoch aufgrund eines gemeinsamen kulturellen Backgrounds genau die gleichen Namen wie die anderen Angehörigen ihrer Klasse und bestätigen somit exakt ihren Status als Kleinbürger.«

Wir wiesen derartig Kopflastiges natürlich zurück. Ich begann aber, etwas intensiver darüber nachzudenken, was man eigentlich mit der Namensgebung für sein Kind bezweckt. Es war schon was dran, an Klausis Ausführungen. Man möchte schon gern hören, daß man einen wahnsinnig tollen, seltenen und dennoch praktikablen Vornamen gefunden hat – und befriedigt so die eigene Eitelkeit.

»Aber schließlich hat das Kind ja auch was von einem guten Namen«, befanden wir schließlich und suchten unbekümmert und frei von intellektueller Überfrachtung weiter.

Aus taktischen Gründen machte ich absichtlich erst mal ein paar absurde Vorschläge: Kurt, Atze, Elektra, Borckhild und Dieter.

Gesa retournierte mit Linus, den sie wirklich gut fand, obwohl das doch der mit der Schmusedecke aus den Peanuts ist. Ich finde Anleihen bei Idolen, Buchgestalten oder Comicfiguren nun mal nicht sehr passend. Eine Bekannte von uns plante, ihren Sohn nach der Lektüre des Bestsellers »Der Herr der Ringe« Gandalf zu nennen, was mir offen gestanden Brechreiz verursachte.

»Kind« schlug ich schließlich entnervt vor. »Wir nennen es einfach Kind, wenn wir uns nicht einigen können.«

Die Freundin meines Schwagers Gunnar sorgte schließlich für einen Teil-Durchbruch. Sie ist Holländerin, trägt den bezaubernden Namen Anneke und brachte uns ein holländisches Vornamensbuch mit. Welch eine Fundgrube! Wir fanden sofort unseren Mädchennamen: Marieke sollte das Kind heißen, wenn es ein Mädchen würde. Bei den Jungennamen wurde es dann wieder schwieriger. Da half auch Holland nicht weiter. Die rettende Idee kam mir schließlich beim Lesen einer Zeitung. Ich stieß auf den guten, alten Namen Henri und wußte: das ist er! Henri Steinrück. Klingt das nicht wie der Name eines zukünftigen norddeutschen Romanciers? Kurz und wohlklingend? Bodenständig und dennoch leicht keck? Gesa war dagegen. Henri sei nicht alt, sondern altbacken. Ich blieb zäh. Mein Verzicht auf den eigenen Nachnamen war mein großes Plus. Eines Tages schenkte mir Gesa schließlich ein Kinderlätzchen, auf das sie »Henri« gestickt hatte. Mit einem dicken Fragezeichen dahinter. Aber das war nur noch ein leiser Zweifel. Die Würfel waren gefallen. Marieke oder Henri würde unser Kind heißen. Bart ist also noch frei!

»(K)ein flotter Dreier«

Sex in der Schwangerschaft und hinterher

Schwangerschaft macht sexy. Ich hätte das nicht gedacht. Gesas kleiner Busen wuchs plötzlich zu ungeahnter Größe. Nicht, daß er mir klein nicht gefiele. Aber gegen die vorübergehende Sophia-Loren-Version hatte ich, zur Abwechslung, nichts einzuwenden. Auch ihr sanft gerundeter Bauch strahlte für mich viel Sinnlichkeit aus. Später, als daraus die pralle Kugel der letzten Schwangerschaftsmonate wurde, fand ich den Bauch zwar nicht mehr unbedingt sexy, aber prima zum Kuscheln geeignet. Kurz und gut: Ich hatte eigentlich keine Schwierigkeiten, meine Frau genauso zu begehren wie vor der Schwangerschaft. Gesa ging es zum Glück genauso. Wie viele Frauen hatte sie in dieser Zeit sogar mehr Lust auf Sex als früher. Durch die Schwangerschaft sind nämlich die Geschlechtsorgane der Frau besser durchblutet – und das kann anregen. »Saftiger als im nicht-schwangeren Zustand, pulst in ihnen ein schwelendes Gefühl, das sonst eher das erste Anzeichen sexueller Erregung ist«, beschreibt die Zeitschrift »Eltern« diesen Zustand sehr passend. Doch trotz solcher paradiesischen Voraussetzungen ist Sex bzw. fehlender Sex in der Schwangerschaft eines der größten Probleme für werdende Eltern. Auch wir haben einige Zeit gebraucht, um unverkrampft mit der neuen Situation umzugehen. Wie gesagt: Lust hatten wir beide. Aber durften wir auch? Irgendwie waren wir verdammt unsicher, denn wir hatten gehört, daß Sex in der Schwangerschaft dem Kind schaden könne. Also informierten wir uns, und siehe da: Wir durften. Die meisten Horrorgeschichten über die Schädlichkeit erotischer Aktivitäten sind nämlich schlichtweg Quatsch, dumme Vorurteile – zumeist – oder medizinisch überholt. Es gibt zwar ein paar Ausnahmen, »für Frauen mit normalem Schwangerschaftsablauf und normalem Muttermundbefund dagegen ist der Geschlechtsverkehr bis zum Geburtstermin unbedenklich«, schreibt dazu die Zeitschrift »Eltern«. Man muß es ja nicht allzu exzeßhaft treiben. Das Baby

liegt umhüllt von einem dicken Fruchtwasserpolster im Uterus, der wiederum von einer kräftigen Schicht aus Muskulatur geschützt wird. Stöße und Erschütterungen durch normalen Sex könne so mühelos abgefangen werden. Treppensteigen oder Autofahren ist für das Baby ähnlich »aufregend«.

Auch die weitverbreitete Furcht, durch Geschlechtsverkehr oder oralen Sex könne das Kind im Mutterleib durch Keime infiziert werden, ist leicht zu entkräften. Bei Beginn der Schwangerschaft bildet der Muttermund eine undurchdringliche, schützende Barriere, die sich wenig schmeichelhaft »Schleimpfropf« nennt. Die Fruchtblase selber ist durch die Gebärmutterwand gut geschützt und kann auch durch einen kräftig gebauten Penis nicht zum Platzen gebracht werden. Das verhindert die Form der Vagina. Viele schwangere Frauen fürchten jedoch, die heftigen Gebärmutterkontraktionen während eines Orgasmus könnten dem Kind vielleicht schaden oder vorzeitige Wehen auslösen. Auch das ist grundsätzlich kein Problem. Sexuelle Erregung und der weibliche Orgasmus führen zu einer starken Durchblutung der Gebärmutter, und das ist für das Baby immer gut. Ganz abwegig ist die Angst vor vorzeitigen Wehen allerdings nicht. Frauen, bei denen eine Neigung zu Frühgeburten besteht oder die plötzlich Blutungen haben, sollten in der Schwangerschaft auf Geschlechtsverkehr und Orgasmus besser verzichten, denn bei ihnen könnten unter Umständen tatsächlich vorzeitige Wehen ausgelöst werden. Ob der Verzicht die ganze Zeit über nötig ist, muß ein Arzt entscheiden. Für alle anderen Frauen sind die rhythmischen Kontraktionen während des Höhepunktes nicht gefährlich. Ergänzen muß ich hier allerdings noch, daß es nach einem relativ neuen Bericht der Fachzeitschrift »Medical Tribune« für den neunten Schwangerschaftsmonat eine kleine Einschränkung in Sachen Sex gibt. Nach einer Studie amerikanischer Wissenschaftler erwiesen sich zwar übliche Stellungen wie »Frau oben«, »Seitenlage« und »vaginal von hinten« als unbedenklich. Ausgerechnet die klassische Missionarstellung (Mann auf Frau also) berge jedoch am Ende der Schwangerschaft ein gewisses Risiko für eine Frühgeburt und ein vorzeitiges Zerreißen der Eihäute. Bevor die Wissenschaftler allerdings konkrete Ratschläge für das Sexualverhalten während der Spätschwangerschaft geben wollen, möchten sie gern noch ein wenig weiterforschen. Auf den »Missionar« im neunten Monat zu verzichten, ist allerdings kein allzu großes Problem. Wegen des dicken Bauches der Frau geht das sowieso nicht so gut.

Prima, dachten wir also, nachdem wir uns eingehend informiert hatten. Da kann ja alles beim alten bleiben. Außerdem freuten wir uns, auf die blöde Arie mit der Verhütung verzichten zu können. Das würde den Sex noch entspannter machen. Ganz so einfach ging es zuerst dann doch nicht. Zu wissen, daß Sex in der Schwangerschaft theoretisch kein Problem ist, ist eine Seite. Die andere ist das irgendwie seltsame Gefühl, daß da jetzt ein Baby im Bauch der Frau heranwächst. Eine dritte Person also. Ich hatte auf einmal Angst vor allem Wilden und Ungezügelten, weil ich dachte, das passe irgendwie nicht zu einem kleinen Embryo. Wie gesagt: Ich hatte Lust auf meine Frau. Aber ich brauchte ein bißchen, um mich nicht mehr von der Existenz unseres Babys in Gesas

Bauch ablenken zu lassen. Meiner Frau ging es ähnlich. Besonders als Henri anfing, sich zu bewegen, fanden wir es beide anfangs etwas komisch, miteinander zu schlafen. Aber das verging. Besonders, nachdem wir in unserem Schwangerschaftskursus erfahren hatten, daß erfüllter Sex positive Auswirkungen auf die Psyche des Kindes haben soll.

Andere haben es da leider schwerer. Mein Freund Berthold zum Beispiel mochte keinen Sex mehr, als der Bauch seiner Frau zu wachsen begann. »Das ist doch wie ein ungewollter Dreier«, meinte er. Die Vorstellung, er stoße seinen Penis in Richtung seines ungeborenen Kindes, entsetzte ihn irgendwie. Da halfen auch meine Lobpreisungen des Schleimpfropfes nichts. Zum Glück empfand seine Freundin ähnlich, und so war die zeitweilige Abstinenz für beide kein Problem. Gerade wenn der Bauch größer wird, haben offenbar nicht wenige Frauen keine allzu große Lust mehr auf heftigen Sex, insbesondere auf den Koitus. Obwohl sie sich, wie schon erwähnt, nicht zurückhalten müßten, entwickeln sie eine Art Schutzbedürfnis für das kleine Wesen, das da in ihrem Bauch rumort. Und manche finden eben, das Eindringen des Penis passe nicht zu diesem Bedürfnis. Das muß man als Mann einfach akzeptieren. Punkt. Hier ist Phantasie gefragt. Ohnehin ist der dicke Bauch in der zweiten Schwangerschaftshälfte für den Koitus, insbesondere in den üblichen Positionen, sehr hinderlich. Da muß man eben experimentieren und dem größeren Zärtlichkeits- und Schmusebedürfnis seiner Frau oder Freundin entgegenkommen. Es gibt ja noch anderes als eingefahrene sexuelle Rituale: Partnermassage, sanftes

Streicheln, Liebkosungen mit Lippen und Zunge. Selbstbefriedigung allein oder zu zweit. Der Phantasie sind keine Grenzen gesetzt. Beide können darauf achten, daß der andere nicht zu kurz kommt. Das oberste Sex-Gesetz während einer Schwangerschaft sollte jedoch lauten: Es zählt jetzt vor allem, was ihr gefällt, was sie mag und wie es ihr bei dieser oder jener Technik geht. Immerhin trägt die Frau das Kind im Bauch und muß die ungeheure Umstellung ihres Körpers und ihrer Psyche verkraften. Von den Strapazen während und nach der Geburt will ich hier noch gar nicht reden.

Gesa bevorzugte in den letzten Monaten der Schwangerschaft vor allem die Löffelstellung. Wir lagen also meist beide auf der Seite und ließen es sanft angehen. Selbst kurz vor dem Entbindungstermin sahen wir keinen Grund, mit dem Sex aufzuhören.

Für mich war es selbstverständlich, daß ich dann bei der Geburt dabei war. In Kapitel 10 ist dieses elementare, extrem nervenaufreibende Erlebnis ausführlich geschildert. Eines aber vorweg: Ich war zwar stellenweise total fertig und auch manchmal geschockt, aber impotent bin ich dadurch nicht geworden. So albern das jetzt für viele vielleicht klingen mag: Nicht wenige Männer fragen sich, ob das Geburtserlebnis womöglich negative Auswirkungen auf ihr späteres Sexualleben haben könnte. Immerhin wird das zentrale Objekt der männlichen Begierde, die weibliche Scheide, auf für Männer kaum vorstellbare Weise gedehnt. Das Kind bricht sich mit ungeheurer Gewalt seinen Weg nach draußen, und was nicht paßt, wird passend gemacht. Bevor etwas unkontrolliert reißt, wird beispielsweise häufig ein Dammschnitt vorgenommen. Das alles sieht nicht immer schön aus, manches sogar recht furchtbar. Aber, daß man von diesem Anblick impotent werden soll, halte ich für abwegig. Mir persönlich ist im Freundes- und Bekanntenkreis kein Fall bekannt, daß einem Mann auf Grund des Geburtserlebnisses die Lust vergangen wäre. Die Forschung auf diesem Gebiet ist recht spärlich. Die wenigen Studien, die es gibt, belegen jedoch, daß das Geburtserlebnis auf die Lust der Männer in kaum einem Fall negativen Einfluß hat. Wer trotzdem glaubt, ihn könne die Geburt sexuell demotivieren, der sollte entweder zu Hause bleiben, weil er wahrscheinlich sowieso keine allzu große Hilfe wäre, oder aber einfach gelegentlich wegsehen. Eine befreundete Hebamme meinte zu diesem Problem: »Männer, die zu sensibel sind, brauchen sich bei der Entbindung ja nicht unbedingt direkt vor den Muttermund zu hocken. Die können ja Händchen halten und aus dem Fenster gucken.«

Wie schnell die Männer den möglicherweise nicht im-

mer angenehmen Anblick der Geburt vergessen, zeigt ihre häufig schon nach wenigen Tagen wiederkehrende Bereitschaft zu sexuellen Kontakten. Es ist eher für die Frauen ein Problem, sich ihre libidinös meist gar nicht verstörten Männer lange genug vom arg beanspruchten Leib zu halten.

Und damit wären wir bei einem der Hauptprobleme junger Eltern: Sex nach der Schwangerschaft. Viele Paare klagen, daß es bei ihnen hinterher erst mal nicht mehr so klappt wie früher. Meist sind es die Männer, die mit der vermeintlichen oder tatsächlichen »Unlust« ihrer Frauen nicht zurechtkommen. Auch bei uns gab es da Probleme. Die ersten Wochen nach der Schwangerschaft war Sex für Gesa und mich natürlich sowieso tabu. Ich hatte die Geburt miterlebt, außerdem viel gelesen und wußte, was sie mitgemacht hatte. Hinzu kam noch die schmerzende Naht ihres Dammschnittes. Und

nicht nur das. Ich wußte: Der Körper der Frau stellt sich in den Wochen nach der Geburt von schwanger auf nicht-schwanger um, und das bringt eine ganze Reihe von elementaren Veränderungen mit sich, die man als Mann kennen sollte, um seine Frau zu verstehen. Zum einen bildet sich die Gebärmutter vom Hundertfachen ihrer eigentlichen Größe auf das Normalmaß zurück. Währenddessen kommt es zu dem sogenannten Wochenfluß. Das ist ein anfangs blutiger, nach einigen Tagen bräunlicher, zum Schluß farbloser Ausfluß, der etwa vier bis sechs Wochen dauert. Viele Frauen empfinden diese Blutungen als unangenehm und fühlen sich dadurch irgendwie »schmutzig«. Außerdem scheidet der Körper das Wasser aus, das er während der Schwangerschaft angesammelt hat. Manche Frauen schwitzen dann stark und finden sich dadurch unattraktiv und irgendwie »klebrig«. Und schließlich schießt die Muttermilch in die Brüste der Frau ein. Die werden dadurch prall, schwer – und sehr empfindlich. Da stört es eben, wenn der geneigte Gatte anfängt, daran herumzudrücken, auch wenn er's schmusen nennt.

Hinzu kommt, daß sich nach der Geburt der gesamte Hormonspiegel der Frau urplötzlich umzustellen beginnt. Es kommt zu einer regelrechten hormonellen Revolution. Das führt auch zu negativen psychischen Reaktionen. Viele Frauen fühlen sich plötzlich hundeelend, würden am liebsten den ganzen Tag heulen und sind entsetzt darüber, daß sie plötzlich ihren Mann, ja sogar ihr kleines Kind nicht mehr zu lieben scheinen. Verstärkt wird diese depressive Stimmung noch durch die Erschöpfung nach der Geburt. Zum Glück geht diese furchtbare Zeit meist schnell vorbei. Vorausgesetzt, der Partner und Freunde und Verwandte helfen, indem sie Verständnis zeigen, anstatt sich laut zu wundern, warum denn vor ihnen nicht die strahlend-glückliche Mutter, sondern das »heulende Elend« steht. Zärtlichkeiten helfen. An Sex ist in dieser Phase des sogenannten »Baby-Blues« allerdings nicht zu denken.

Aber auch nach dieser Zeit gilt: Solange die Frau Blutungen hat und Dammrisse oder -schnitte verheilen, ist es natürlich sonnenklar, daß kein Geschlechtsverkehr stattfinden kann und darf. Das dauert in der Regel zwei bis vier Wochen, manchmal auch länger. Ich finde es völlig unverständlich, daß manche meiner Geschlechtsgenossen schon ein paar Tage nach der Geburt förmlich wieder über ihre Frauen herfallen, weil sie glauben, nun sei es aber genug mit der »Erholerei«. Vielleicht sollte man diese Herren bitten, sich vorzustellen, sie hätten eine Hämorrhoiden-Operation hinter sich und drei Tage danach würde jemand fragen, ob er ihnen einen Billardstock einführen dürfe. So ähnlich kommen sich vermutlich Frauen nach der Entbindung vor, deren Männer meinen, sie sollten sich »doch nicht so anstellen«. Glücklicherweise wissen die meisten Männer inzwischen, daß sie ihre Frau nach der Geburt erst mal in Ruhe lassen müssen. Wie lange, das muß die Frau entscheiden. Die Frist von sechs Wochen, die eine Zeitlang allgemein »vorgeschrieben« wurde, kann, muß aber nicht eingehalten werden. Die Münchener Frauenärztin Dr. Cornelia Peters-Welte rät, die ersten sechs Wochen nicht ohne Zärtlichkeiten vergehen zu lassen, wenn beide Lust dazu haben. Es muß ja nicht immer Geschlechtsverkehr sein.

Das Vorspiel kann in dieser Zeit dann mal zur Hauptsache werden.

Auch meine Frau fühlte sich, besonders in den ersten Tagen nach der Geburt, ziemlich mitgenommen. Die Dammnaht mußte heilen, und der Gedanke an Sex oder gar Geschlechtsverkehr kam ihr, aber auch mir, nicht in den Sinn. Das blieb auch ein paar Wochen so. Henri stand im Zentrum unseres Denkens und Fühlens.

Nach und nach begann die erotische Spannung jedoch wieder aufzuflackern. Anfangs schmusten wir nur rum. Dann gingen wir zu gegenseitigem Streicheln über und schließlich, nach etwa fünf Wochen, versuchten wir es dann mal wieder. Es war für beide ein bißchen wie das erste Mal. Gesa hatte Angst, daß es weh tun könnte. Ich hatte Angst, ihr weh zu tun. Wir waren ziemlich verkrampft. Erwartungsgemäß war es dann auch kein besonders berauschendes Erlebnis. Wie manche stillenden Frauen litt Gesa nach der Geburt eine ganze Zeit unter einer trockenen Scheide, was den Geschlechtsverkehr für sie vorübergehend etwas schmerzhaft machte. Aber mit der Zeit wurde das besser. Wir versuchten, unseren Humor zu bewahren, und schließlich schliefen wir wieder miteinander wie früher – wenn wir dazu kamen, versteht sich. Henri forderte uns in den ersten Monaten nämlich Tag und Nacht. Wir waren glücklich, aber meist saumüde. Alles in allem haben wir doch zwei bis drei Monate gebraucht, um wieder zu einem einigermaßen unbeschwerten Sexualleben zurückzufinden.

Jeder Mann sollte allerdings vorsichtshalber damit rechnen, daß die Häufigkeit sexueller Kontakte nach der Geburt eines Kindes abnimmt. Das ist nun mal so, wenn man zu dritt ist, und das muß man wegstecken können. Sobald es wieder soweit ist, sollten beide unbedingt sofort die Frage der Verhütung klären. Welche Frau will schon gleich nach einer Geburt wieder schwanger werden? Wir haben einen solchen Fall im Bekanntenkreis erlebt. Und das ist kein Zuckerschlecken für die Frau. Ihr Körper wird extrem belastet. Und nach neun Monaten hat man plötzlich zwei schreiende Wickelkinder, die noch nicht laufen und völlig unterschiedliche Bedürfnisse haben. Das schlaucht!

Am besten, man benutzt jetzt Kondome zur Verhütung. Die Pille kommt kaum in Frage, solange sich der Hormonhaushalt der Frau noch nicht wieder eingependelt hat und sie noch stillt. Verhütungszäpfchen oder Schaumpräparate können in der strapazierten Scheide zu unangenehmem Brennen führen, und auch die Spirale verträgt nicht jede Frau. Also Männer: Ab in die Apotheken und Drogerien!

Bei vielen klappt es mit dem Sex aber auch dann noch nicht, wenn rein körperlich bei der Frau eigentlich alles wieder in Ordnung sein müßte. Viele Männer klagen, daß ihre Frauen auch nach vielen Monaten noch überhaupt keine Lust auf Sex hätten. Die Ursachen dafür sind offenbar vielschichtig. Als Mann sollte man sich auf jeden Fall fragen, ob man womöglich für die vermeintliche Unlust seiner Frau mitverantwortlich ist. Es kommt nämlich nicht nur darauf an, sich in den ersten Wochen nach der Geburt verständnisvoll zu zeigen und alle mögliche Hilfe zu leisten. Man muß auch darauf achten, wie man im Alltag miteinander umgeht. Viele Frauen können eben nicht auf Knopfdruck ihre Lust wieder aktivieren. Sie brauchen Zeit und Muße, um sich in ihrem arg strapazierten und veränderten Körper wieder wohl zu fühlen, ihre Sinnlichkeit neu zu entdecken. Bei vielen ist es schlichtweg die dauernde Müdigkeit, die ein erfülltes Sexualleben verhindert, bei anderen ist es das Gefühl, mit dem Kind alleingelassen zu werden. Nur wenn auch die Frau mal durchschlafen kann, mal Zeit für sich hat und von ihrem Mann zärtlich umsorgt wird, kann sie Zärtlichkeit und Erotik wiederentdecken. Das Baby gibt ihr davon ja auch eine ganze Menge. Sie stillt es, was – wie Gesa bestätigt – ein sinnliches Vergnügen ist. Sie schmust mit ihm, tauscht Zärtlichkeiten aus. Da kann ein klotzköpfiger Trottel, der nur dann ans Schmusen denkt, wenn ihn die Hose drückt, schon mal zur langandauernden Warteschleife verdonnert werden.

Der zärtliche, wirklich hilfreiche Vater spielt für die Frau eine größere Rolle, als beide vielleicht denken. Wenn eine Frau Mutter wird, kommt sie oft in einen

psychischen Konflikt, der ihr meist gar nicht richtig bewußt wird. Sie vergißt sich häufig selbst (und auch den Partner) und ist bereit, ihrem Kind alles zu geben – ohne Schranken und Rücksicht auf Reserven. Das geht jedoch oft auf Kosten der Selbstliebe. Die Kölner Ärztin Dr. Barbara Fervers-Schnorre spricht in diesem Zusammenhang von einer drohenden Ich-Verarmung. Es müsse der Frau gelingen, ihr Ich zu teilen. Einerseits muß sie sich den Wunsch erfüllen, total mit dem Kind zu verschmelzen (Ich, die Mutter), zum anderen muß sie auch ihre anderen Bedürfnisse zulassen und befriedigen. (Ich, die Ehefrau, Ich, das gesellschaftliche Wesen). Bei diesem ständigen Konflikt zwischen den unterschiedlichen Bedürfnissen kann der Partner entscheidend helfen. Wenn er seine Frau unterstützt, sie entlastet und ihr dadurch die Zeit gibt, sich dem inneren Konflikt zu stellen, hilft er ihr, ihn zu lösen. Dann hat auch Sexualität wieder einen Platz im Leben der jungen Eltern.

Vor allem kommt es für beide darauf an, der Sexualität nicht den letzten Stellenwert im gemeinsamen Leben einzuräumen. Wenn die Liebe immer als Letztes im »Terminkalender« steht, darf man sich nicht wundern, daß es nicht mehr so toll klappt. Auch wenn man ein Kind hat, schafft man es, sich Zeit füreinander zu nehmen. Das ist nicht immer leicht, aber ziemlich wichtig, finde ich.

»Der TV-Star«
Ultraschall, Kindsbewegungen und ein Mißverständnis

Guten Abend, meine Damen und Herren. In unserer Sendung 'Die Ultraschall-Show' zeigen wir Ihnen heute – Ihr Kind.« So oder ähnlich könnte die Ansage für eines der tollsten Erlebnisse werdender Eltern lauten: die erste Ultraschall-Untersuchung. Bei uns fand sie in der 20. Schwangerschaftswoche statt, und ich rate allerdringendst jedem Vater, zu diesem Termin zu erscheinen. Sonst verpaßt er ein kleines Wunder.

Ich war allerdings vorher nicht besonders euphorisch, denn ich hatte Fotos von Ultraschall-Untersuchungen bei werdenden Eltern gesehen und wußte, daß das ungeübte Auge auf diesen verschwommenen Schwarzweiß-Fotografien nicht sehr viel sieht. Trotzdem hielten einem die stolzen Fast-Eltern ständig die rätselhaften Fotos vor die Nase, auf denen man das werdende Kind bestaunen sollte. »Toll«, murmelte ich dann immer und versuchte krampfhaft, in dem Durcheinander aus schwarzen Punkten, Kreisen und verwaschenen Linien etwas zu erkennen. Aus diesem Grunde erwartete ich bei unserem ersten Ultraschall-Termin nicht gerade sehr aufregende Erlebnisse. Eher ein fröhliches Rätselraten. Von wegen! Wir hatten frühmorgens einen Termin bei Gesas Frauenarzt. Sie legte sich in einem kleinen, abgedunkelten Zimmer auf eine Liege, und der Doktor rieb ihren Bauch mit einem Kontaktgel ein, damit das Sende- und Empfangsgerät funktioniere. Ich saß auf einem kleinen Stuhl daneben und war jetzt doch sehr aufgeregt. Dort auf diesem TV-Schirm sollte also gleich etwas von unserem Kind zu sehen sein. Plötzlich war es mir ziemlich egal, wie verschwommen die Bilder sein würden. Unser Baby live im Fernsehen! 'Ne dolle Sache, das!

Dann schaltete der Arzt den Apparat ein und fuhr mit der Ultraschallsonde erst einmal etwas fahrig hin und her, um sich zu orientieren. Als er endlich stillhielt und »So, da haben wir es«, sagte, war ich platt. Denn auf dem Bildschirm konnte ich überraschend deutlich die Umrisse unseres Kindes sehen, seinen Kopf, den Oberkörper und die Arme. In der Brust schlug hektisch sein

kleines Herz. Was wir sahen, erinnerte zwar an die Fotos, die wir vorher gesehen hatten, war aber viel klarer und bekam durch die Bewegungen des Kindes eine ganz andere Dynamik. Spüren konnte Gesa von diesen Bewegungen noch nichts, aber sehen konnten wir endlich etwas. Gebannt starrten wir auf den Bildschirm, während der Arzt begann, uns Einzelheiten zu erklären. Er wählte verschiedene Vergrößerungen, präsentierte uns das Baby in der Totale und in Detailvergrößerungen und war sichtlich stolz darauf, daß er mit seinem professionellen Auge immer sofort Bescheid wußte und uns staunenden Ultraschall-Unkundigen das Gesehene in warmen Worten erläutern konnte. Ich war in einem emotionalen Zustand, den meine Großmutter immer sehr treffend mit dem Wort »blümerant« umschrieb, verwandelte mich in 100 Prozent pure Sentimentalität und begann heftigste Liebesimpulse in Richtung Fernseher zu senden. Das war mein, unser Baby, das da gerade den Daumen in den Mund steckte. Wahnsinn!

Bis zu diesem Zeitpunkt kannten wir das Geschlecht unseres Kindes noch nicht, wollten es auch gar nicht wissen. Aber als der Frauenarzt den Genitalbereich mit seiner Sonde passierte, sagte er den verräterischen Satz: »Und hier unten sehen wir deutlich ...!« Dann stutzte er, blickte uns leicht verschämt an und fragte: »Ach so, wollen Sie das Geschlecht überhaupt vorher wissen?« Wir hatten zwar selber auf dem Bildschirm nichts gesehen, aber nun war ja klar, was er da in der Beckengegend so deutlich gesehen hatte: den Penis unseres Sohnes. Ein Junge also! Hallo, Henri!

Der Arzt war sich ziemlich sicher. Oft könne man es

nicht mit Gewißheit sagen, aber diesen recht großen Penis hier, den könne man doch sehr deutlich erkennen. Ich war ein wenig stolz.

Nach der unfreiwilligen Geschlechtsbestimmung fing der Arzt mit dem Vermessen unseres Sohnes an. Kopfumfang, Länge der Extremitäten, Größe usw. Wir saßen nur still dabei, hielten Händchen und staunten, wie der kleine Kerl da schon in Gesas Bauch rumtobte. Sogar den berühmten Fußsohlenreflex konnten wir schon sehen. Der beweist, daß der Tastsinn funktioniert. Immer wenn unser Sohn mit seinem Fuß gegen die Bauchdecke stieß, zog er ihn automatisch zurück. Selbst Schluckbewegungen waren auf dem Bildschirm zu erkennen. Für uns war das eine faszinierende Spielerei. Erst als der Arzt uns versicherte, daß er keinerlei Behinderungen wie einen offenen Rücken, einen Wasserkopf oder Anomalien der inneren Organe festgestellt habe, wurden wir daran erinnert, daß wir es hier mit einer medizinischen Untersuchung zu tun hatten. Wir waren natürlich froh, daß alles in Ordnung war, aber allein die Nennung all dieser theoretisch möglichen Defekte jagte uns einen Schauer über den Rücken. Und während der Arzt weiter an Henri herummaß, sagte er etwas, das in uns sofort die Alarmglocken schrillen ließ. Er sagte nämlich: »Der Brustkorb ist aber sehr groß.« Dann maß er noch mal und ergänzte: »Sehr groß.« Dazu setze er einen Gesichtsausdruck auf, der alles bedeuten konnte. Wir schwiegen und erwarteten eine Erklärung. Sehr großer Brustkorb, dachte ich, was kann das heißen? Sofort stellte ich mir unser Kind mit einer grotesk vergrößerten Brust vor, mißgestaltet und unglücklich für sein ganzes Leben. Der

Arzt schwieg immer noch und maß weiter, jetzt war er schon bei den Füßen. »Was bedeutet denn das mit dem großen Brustkorb?« fragte ich schließlich ängstlich. »Ach, eigentlich nichts weiter«, sagte der Doktor. »Nur, daß er ziemlich groß ist.« »Ist das ungewöhnlich oder sogar gefährlich?« bohrte ich weiter. »Nein, eigentlich nicht« war die Antwort, die in meinen Augen einen Restzweifel offenließ. Nach einigem Hin und Her stellte sich schließlich heraus, daß Henri zwar in dieser Phase seines Wachstums einen recht ordentlichen Brustkorb hatte, aber keinesfalls mißgestaltet sein würde. Der Arzt hatte lediglich eine Bemerkung gemacht, ohne sich darum zu kümmern, wie das bei seinen Patienten ankommt. Mediziner tun das manchmal. Man muß sie dann sofort festnageln und sich die Sache erklären lassen, wenn man keine schlaflosen Nächte verbringen will. Bloß keine Scheu vor Nachfragen! Man vergißt viel zu leicht, daß man beim Arztbesuch keinen Akt der Gnade eines Halbgottes empfängt, sondern eine Dienstleistung in Anspruch nimmt, für die man teuer bezahlt. Und zu dieser Dienstleistung gehört auch, vernünftig und verständlich informiert zu werden.

Auch wenn unsere Laune nun etwas weniger gut war, letztendlich konnte dieser Vorfall die Faszination der Ultraschall-Show nicht entscheidend schmälern. Es gab vor der Geburt nur noch eine Erfahrung, die an dieses Erlebnis heranreichte.

Vorher will ich allerdings noch etwas klarstellen, damit ich nicht als Lobbyist der Ultraschall-Geräte-Hersteller mißverstanden werde. Man sollte nie vergessen, daß Ultraschall eine medizinische Vorsorgeuntersuchung und keine Spielerei ist. Wenn Vorsorge und TV-Show für die Eltern zusammenfallen: um so besser. Zu »schallen«, nur weil es Spaß macht: lieber nicht. Zwar geht man davon aus, daß Ultraschall für Mutter und Kind bei sachgemäßer Anwendung grundsätzlich unbedenklich ist. Es gibt aber doch mahnende Stimmen, die die totale Ungefährlichkeit dieser Technik noch nicht für erwiesen halten. Das Motto sollte also lauten: Soviel wie nötig und sowenig wie möglich. Allerdings – das bat mich ein Medizin-Experte der Vollständigkeit halber hier einzufügen – sei weltweit noch kein Schaden durch Ultraschall bekannt geworden.

Mitten im Sommer erlebten wir etwas ähnlich Intensives wie die Faszination der ersten Ultraschall-Untersuchung. Gesa war im fünften Monat. Wir hatten unser Haus bezogen, und die Schwangerschaft war durch die Hektik und Aufregung etwas in den Hintergrund getreten. Gegen 24 Uhr passierte es. Ich schlief tief und fest. Plötzlich rüttelte mich Gesa wach. »Ich spüre was. Es bewegt sich.« Ich war sofort hellwach. »Wo, wo?«, stammelte ich und knipste das Licht an. Meine Frau saß aufrecht im Bett und betrachtete ungläubig ihren mittlerweile ordentlich gerundeten Bauch. »Da«, sagte sie und nahm meine Hand. Und dann spürte ich es. Ein leichtes Grummeln, ein minimales Zucken. Unser Kind machte sich bemerkbar. »Wie Magen-Darmbewegungen«, sagte Gesa und lachte. Ich war begeistert. Bisher war die Schwangerschaft – vom Ultraschall abgesehen – für mich etwas sehr Abstraktes gewesen, eine Sache, mit der ich mich fast nur gedanklich auseinandersetzen konnte. Jetzt kam eine neue, sinnliche Komponente dazu. Ich konnte etwas mitfühlen. Gesas Bauch wurde zu meinem beliebtesten »Aufenthaltsort«. Dauernd lag ich mit meinem Kopf auf ihm herum, registrierte die ständige Zunahme der Kindsbewegungen und sprach mit meinem ungeborenen Sohn. Aus den schwachen Zuckungen wurde nach und nach kräftiges Gewühle. Gesas Bauch schwoll immer mehr an, und Henri begann, sich wie ein Wilder aufzuführen. Die Bauchdecke wölbte und dehnte sich. Wie ein Maulwurf tobte der Kleine in Gesas Gebärmutter herum. Manchmal sah es richtig unheimlich aus. Wie in einem Horrorfilm. Unsere bevorzugte Schlafpo-

sition (Gesa dicht an meinen Rücken gekuschelt) mußten wir bald aufgeben. Henris Tritte in mein Kreuz
machten mich etwas nervös. Lustig war es, wenn er auf
unsere Bewegungen reagierte. Wenn ich auf eine der
Beulen in Gesas Bauch drückte, dann zog sich Henri
zurück, und ein paar Zentimeter weiter tauchte eine
neue Beule auf. Besonders aktiv war er, wenn ich meine
allabendliche Zupfmassage machte. Gesa hatte nämlich
Angst vor Schwangerschaftsstreifen. Sie hatte gelesen,
daß man sie verhindern kann, wenn man sich jeden
Abend den Bauch mit einer speziellen Creme einreibt
und solange die Bauchhaut zupft, bis die Creme eingezo-
gen ist. Das war fortan jeden Abend vor dem Einschlafen
meine Aufgabe, die ich gewissenhaft erledigte. »Eincre-
men und zupfen, bis die Schwarte kracht«, war mein
Motto. Henri zupfte von innen begeistert mit. Ich war
voll bei der Sache. Gesa fand es angenehm, ich hatte
Spaß dran, und Schwangerschaftsstreifen auf dem ma-
kellosen Bauch meiner Frau wollte ich natürlich auch
nicht. Als ich das einmal sagte, gab es ein bißchen Ärger.
»Es kann gut sein, daß ich hinterher nicht mehr so
knackig bin«, empörte sich Gesa. »So eine Geburt geht
nicht spurlos an einem vorüber.« Ich beeilte mich zu ver-
sichern, daß ich das natürlich wisse, sie im Falle figürli-
cher Veränderungen hundertprozentig weiter saudoll lieben werde und sowieso keinen weiteren Gedanken daran
verschwenden würde. Das meinte ich auch so. Und
trotzdem: Im Stillen dachte ich manchmal: Es wär' schon
schön, wenn sie hinterher wieder wie früher aussähe. Ich
geb's ja zu. Ich weiß von Freunden und Bekannten, daß
sich viele Männer Gedanken darüber machen, ob die

Geburt die Partnerin womöglich körperlich verändert. Es traut sich natürlich niemand, das anzusprechen. Schließlich steht man dann als Chauvi da, der nur daran denkt, ob seine Frau begehrenswert bleibt. Man sollte das allerdings nicht zu hoch hängen. Darüber nachdenken, das tut wohl jeder Mann mal. Aber dann muß man's auch gut sein lassen. Erstens sind diese »Sorgen« sowieso meist unbegründet. Zweitens haben auch Frauen ein vitales Interesse, sich weiterhin selber zu gefallen. Und drittens gibt es Schlimmeres als eine Partnerin, die nach einer Geburt ein bißchen molliger ist oder ein paar Schwangerschaftsstreifen hat. Männer kriegen dafür ab Mitte Dreißig meist einen Bauch, von meinen Poker-Kumpels scherzhaft »Holsten-Geschwür« oder »Astra-Pickel« genannt.

»Hauptsache gesund«
Ängste vor der Geburt

Ich sehe gern Filme aller Art. Auch gruselige. Während Gesas Schwangerschaft sank meine Begeisterung für Horrorfilme allerdings erheblich. Ich war bei Freunden zum Video-Gucken eingeladen, und es lief der Streifen »Die Wiege des Bösen«. Darin geht es um Babys, die auf Grund von Umweltverschmutzungen mutiert geboren werden und schon im Kreißsaal alles umbringen, was nicht schnell genug ihren spitzen Klauen entkommen kann. Kein besonders geschmackvolles Werk also. Für einen werdenden Vater aber eine absolute Katastrophe. Denn wie alle Eltern hatten auch wir massive Ängste, daß unser Kind womöglich nicht gesund sein könnte. Da half es nichts, sich zu sagen, daß es »ja nur ein Film« sei. Allein die Szenen, als die entsetzten Eltern während der Geburt bemerkten, daß etwas nicht stimmt mit ihren Kindern, gingen mir durch Mark und Bein. Ich konnte mir das krude Werk nicht bis zu Ende ansehen.

Aber natürlich braucht man keine Horrorfilme, um sich während einer Schwangerschaft dauernd Sorgen um die Gesundheit des Kindes zu machen. Es ist nun mal eine Tatsache, daß auch heute noch behinderte Kinder geboren werden, daß Kinder bei der Geburt sterben, nicht lebensfähig sind oder durch Fehler der Geburtshelfer geschädigt werden. Das ist selten, aber es passiert. Und die Vorstellung, daß sie womöglich selber betroffen sein könnten, macht werdende Eltern manchmal schier wahnsinnig. Zumindest war es bei uns so. Ich hatte eine Phase, in der ich ständig über das Problem Behinderung nachdenken mußte. Gesa ging es ähnlich, wenn auch nicht so schlimm wie mir. Wie die meisten Eltern fragten wir uns dann: Könnten wir das packen? Wären wir in der Lage, damit fertig zu werden? Unsere Antworten hingen von der jeweiligen Stimmungslage ab. Mal sagten wir uns, daß wir unser Kind lieben und verantwortungsbewußt aufziehen würden, ob nun gesund oder nicht. Dann glaubten wir, daß wir »das« nie schaffen könnten. Dann wieder meinten wir, an einer solchen

Aufgabe menschlich wachsen zu können. Und manchmal, in besonders »blümeranten« Stunden, waren wir, ohne den Hauch eines Anlasses, den Tränen nahe und fragten uns, warum wir uns dem Wagnis Kind überhaupt ausgesetzt hatten.

Durch solche Phasen muß man durch. Es bleibt einem ja auch gar nichts anderes übrig. In jedem Schwangerschaftskurs lernt man, daß man sich nicht verrückt zu machen braucht. Es klingt banal, aber man muß es sich in solchen Angstphasen immer wieder klarmachen: Der Normalfall ist, daß gesunde Kinder geboren werden. Hinzu kommt, daß mit Hilfe der ausgeklügelten vorgeburtlichen (pränatalen) Diagnostik schon einige von möglichen Behinderungen oder Krankheiten des Kindes im Mutterleib festgestellt und behandelt werden können. Vorausgesetzt, die Mutter geht regelmäßig zu den zehn obligatorischen Vorsorgeuntersuchungen. Angeblich, so schreibt die Zeitschrift »Mein Kind und ich«, nimmt jede dritte Schwangere diese Termine nur sehr unregelmäßig war. Das Blatt resümiert: »Ein sträflicher Leichtsinn.« Da kann ich mich nur anschließen. Zehn Arztbesuche in fast zehn Monaten: zuviel verlangt ist das nun wirklich nicht. Der Vater sollte übrigens, wann immer möglich, mit zu diesen Untersuchungen gehen. Mir hat bei meinen Ängsten sehr geholfen, selber zu sehen oder zu hören, daß mit hoher Wahrscheinlichkeit alles in Ordnung war mit unserem Henri.

Einmal übertrieb ich jedoch. Mutig wollte ich mich allen Eventualitäten stellen und las in medizinischer Fachliteratur über alle theoretisch möglichen Komplikationen nach. Das Resultat: zwei Wochen schwere Depressionen.

Ich rate allerdringendst von solchen Ausflügen in die medizinische Exotik ab. Das ist wie das Blättern in einem Lexikon sämtlicher existierender Krankheiten. Schon nach zwanzig Seiten spürt man alle möglichen »Tuberkel« über seinen Rücken kreuchen und entwickelt am laufenden Meter »eindeutige« Symptome.

Praktische Vorsorge ist da viel sinnvoller. Daß Gesa während der Schwangerschaft keinen Alkohol trank und bei uns zu Hause auch nicht geraucht wurde, war für uns selbstverständlich. Ich hab' mich aus Solidarität beim Alkohol auch zurückgehalten. Das heißt nicht, daß ich mit Gästen nicht mal ein Bier trank oder daß ich beim Zocken trocken blieb.

Angstphasen hatten wir eigentlich während der ganzen Schwangerschaft. Mal mehr, mal weniger. Irgendwann aber beschlossen wir, über das Thema Behinderung nicht mehr zu reden. Alles war gesagt und gedacht worden. Wir hofften einfach nur inbrünstig, daß unser Junge gesund sein würde. Und wenn nicht, wollten wir uns ein Beispiel an den Eltern nehmen, die behinderte Kinder haben. Wir kennen ein paar, und die Betrachtung ihres Lebens rückte unser angstverzerrtes Bild wieder etwas zurecht. Diese Eltern haben es schwer, aber sie haben nicht aufgegeben. Sie lachen, sie empfinden Freude, lieben ihre Kinder, fahren in Urlaub und versuchen, das Beste aus ihrem gemeinsamen Leben mit dem Kind zu machen. Leicht ist das sicher nicht immer, aber sie scheinen trotz eines behinderten Kindes wirklich glücklich zu sein.

Gegen Ende der Schwangerschaft tauchte dann plötzlich bei Gesa eine ganz andere Angstvision auf, mit der wir beide nicht gerechnet hatten. Sie hatte plötzlich die Vorstellung, bei der Geburt womöglich zu sterben. Auslösender Faktor war ein Buch über die Geschichte der Geburtsmedizin. Gesa las von Kindbettfieber, Infektionen, Blutverlust und schwerwiegenden Komplikationen. Zwar bezogen sich die allermeisten Schilderungen auf längst vergangene Tage, aber die Horrorszenarien setzten sich in ihrem Kopf fest, und sie begann Anfälle von regelrechter Todesangst zu bekommen. Ich reagierte anfangs etwas hilflos und unverständig. Aber schließlich begriff ich, daß eine Schwangerschaft eben auch die Psyche belastet und irrationale Ängste hervorrufen kann, die man nicht einfach mit einem Appell an den gesunden Menschenverstand abtun kann. Also gab ich mir Mühe, informierte mich, welche Gefahren heute wirklich für Mütter bestehen und versuchte, Gesa ihre Ängste auszureden. Das half zwar, aber ganz verschwanden diese Todesängste nicht. Immer mal wieder kamen sie hoch, bis das Thema eines Tages plötzlich vom Tisch war und Gesa sich nicht mehr erklären konnte, warum sie sich so übertrieben gesorgt hatte.

Daß ich mittlerweile »infiziert« war und plötzlich massive Angst hatte, daß Gesa etwas passieren könnte, verschwieg ich ihr dann lieber. Manchmal versuchte ich mich zur Ordnung zu rufen und befahl meiner Psyche, sich gefälligst zusammenzureißen. Geholfen hat mir dabei mein Freund Peter, dem ich von unseren Ängsten erzählte. Sein kurzer, aber prägnanter Beitrag dazu war: »Ich glaub’, ihr habt ’n Rad ab!«

»In den Schniedel atmen«
Der Vater als Idiot
im Schwangerschaftskurs

D ie tragen zwar Turbane und Walle-Walle-Gewän-
der. Aber Betty hat erzählt, die machen die beste
Geburtsvorbereitung, die man sich denken kann. Mit
Meditation und so.« Gesa war Feuer und Flamme. Ich
wurde gleich mißtrauisch, als ich von den Turbanen
hörte. Aber neben Betty schwärmten noch ein paar andere ernstzunehmende Leute von der »totalen Entspannung« bei den Weißgekleideten und daß es »echt gut«
sei, so »cool fernöstlich an die Geburt ranzugehen.« Also
gut, dachte ich. Gehen wir mal hin. Gesa war gerade erst
im vierten Monat. Viel zu früh für eine Geburtsvorbereitung eigentlich. Aber wir hatten einfach Lust, schon mal
etwas zu lernen. Außerdem, so hieß es, seien dort viele
Paare, nicht nur Frauen, und manche wären auch gerade
erst am Anfang ihrer Schwangerschaft. Wie für uns gemacht also.
Als wir jedoch den großen Raum im ersten Stock einer
Hamburger Altbauwohnung betraten, reichte mir ein
Blick, um innerlich zusammenzubrechen.
Die Kursleiterin trug tatsächlich einen Turban, wallte in
Weiß herum und stellte sich gerade mit einem indischen
Namen vor, obwohl sie wahrscheinlich Gisela hieß. Auf
dem Fußboden saßen ungefähr fünfzehn bis zwanzig

Frauen mit zum Platzen gespannten Bäuchen und starrten uns an. Ich war der einzige Mann in der gesamten Runde! Und Gesa war die einzige, die keinen dicken Bauch hatte. »Flieh, ehe es zu spät ist«, schrie es in mir. Aber da zog Gesa mich schon entschlossen in eine Ecke und zischte »Jetzt stell dich nicht so an«. Wir zogen die Schuhe aus, und ich verlor allen Mut. Denn jetzt säuselte die Turbanträgerin sanft und leise los, als ob ein Kind neben ihr in leichten Schlaf gesunken sei, und forderte uns auf, erst einmal ein wenig mit ihr zu singen, um schlechte Vibrationen loszuwerden. Und dann ging es los. Ein gar scheußliches, wahrscheinlich höchst heidnisches Raunen ging durch den Raum, als die schon eingeweihten Teilnehmerinnen ohne Umschweife in hypnotische »Omm«- und »Aaaah«-Gesänge ausbrachen. Anschließend sollten wir zahllose indische Formeln nachsprechen, die natürlich kein Schwein verstand. Angeblich ging es dabei um die Sonne, um Lebensenergie und allerlei andere nette Dinge. Ich bin jedoch sicher, daß ich mich mindestens fünf- bis zehnmal irgendeiner geheimen Sekte verschrieben habe. So mit Blutopfern und Herz rausschneiden. Sagen konnte ich nichts in dem allgemeinen obskuren Gemaunze. Aber meine Blicke in Gesas Richtung waren waffenscheinpflichtig.

Nachdem wir dann meditiert hatten (ich war wahnsinnig entspannt!), machten wir ein paar Übungen zur Geburtsvorbereitung, was ich natürlich Spitze fand. Als einziger Mann zwischen zwanzig Schwangeren die Scheidenmuskulatur anzuspannen: das hat schon was.

In einer Pause flohen wir. Ich kam erst gar nicht dazu, etwas zu sagen. Gesa nahm mir gleich den Wind aus den

Segeln und sagte: »Ich weiß, es war scheußlich für dich. Ich fand es auch doof. Wir suchen uns einen anderen Kurs. Du brauchst also gar nicht herumzupöbeln.«

Das brachte mich nur noch mehr auf die Palme. Mir auch noch die entlastende Pöbelei zu verbieten!

Verstehen Sie mich nicht falsch. Ich habe nichts gegen Meditation und fernöstliche Weisheit. Ich weiß auch, daß Entspannung bei der Geburt für die Mutter und auch für den Vater unglaublich wichtig ist. Aber um mich zu entspannen, muß ich doch nicht »Omm« grunzen, Oden an die Sonne auf Indisch stammeln, mich in weiße Gewänder hüllen und einen Turban aufsetzen. Wir waren uns jedenfalls einig, daß diese Art von Geburtsvorbereitung nichts für uns war.

Auf jeden Fall wollten wir aber einen Kursus machen. Denn von allen jungen Eltern, die wir kannten, hatten wir gehört, wie sehr einem ein guter Schwangerschaftslehrgang bei der Geburt und den ersten Wochen danach helfen kann. Skeptisch war ich, bei aller Bereitschaft, trotzdem. Mein Meditationserlebnis steckte mir noch in den Knochen. Außerdem hatte ich gehört, daß die Väter in vielen Kursen die gesamte Geburts-Gymnastik mitmachen müssen, angeblich, damit sie ihre Frauen besser verstehen. Das fand ich, gelinde gesagt, reichlich sonderbar und herzlich überflüssig. »Laß uns bitte einen Kurs suchen, in dem ich nicht Preßwehen simulieren und in meine nicht vorhandene Scheide atmen muß«, bat ich Gesa.

Dann hörten wir von Marianne und ihrem Schwangerschaftslehrgang. Der sei wirklich das Nonplusultra, hieß es allerorten bei jungen Eltern. Marianne sei eine erfahrene Hebamme, wahnsinnig nett und ihre Kurse immer extrem ausgebucht. »Keine Turbane?« fragte ich. Keine Turbane. Dafür dauerte ein ganz normaler Kurs bei ihr sage und schreibe drei Monate. Einmal in der Woche drei Stunden, von 19 bis 22 Uhr. »Ich will doch nicht Professor für Geburtsheilkunde werden«, wandte ich ein. »Ach, das ist dem Herrn also zuviel für sein Kind: ein Termin in der Woche?« fragte Gesa. Das wollte ich natürlich nicht auf mir sitzen lassen: »Gut, wir melden uns an. Aber beim ersten Turban laufe ich Amok!«

An einem warmen Septemberabend ging es los. Gesa war mittlerweile im fünften Monat. Immer noch sehr rechtzeitig für einen Kursus. Manche wickeln so was mal eben in vier Wochen kurz vor der Geburt ab. Aber wir wollten das Gefühl haben, richtig gut vorbereitet zu sein. Ich war also zu (fast) allem bereit, als wir den kleinen Pavillon auf dem Gelände einer Schule betraten.

Es war bereits der zweite Kursabend. Den ersten Termin hatten wir wegen einer Feier versäumt. Alle hatten schon ihre festen Plätze, das wollte Marianne so. Sie könne sich die Leute dann besser einprägen. Es gab nur noch eine Lücke direkt neben der Tür. »Der Mann auf diesem Platz hat den Job, draußen die Eingangstür zu öffnen, wenn Leute zu spät kommen und klingeln«, sagte Marianne mit mildem Lächeln in unsere Richtung. »Das fängt ja gut an«, dachte ich. »Türöffner für drei Monate.« Ich musterte unsere Lehrerin und überlegte, ob sie mir sympathisch war: Eine kräftige, sehr frauliche Person. Mitte Dreißig, in legerer, eher alternativ anmutender Kleidung. Sie hatte eine warme, angenehme Ausstrahlung, vermittelte aber auch eine selbstverständliche Autorität, wie es für viele Hebammen typisch ist. Ich beschloß, sie erst mal zu mögen, obwohl sie mich gerade zum Türsteher ernannt hatte. Gesa musterte inzwischen die anderen Teilnehmer, etwa fünfzehn Paare. Die meisten Mitte Dreißig. Bunt gemischt. Ein paar eher spießig Aussehende, ein paar Freakige, einige Alternative in Pluderhosen, ein paar betont Intellektuelle, ein paar ganz Schicke in Designer-Klamotten und einige, die ich in meine persönlichen Schubladen nicht einordnen konnte. Wenn mir auch nicht alle auf den ersten Blick sympathisch waren – ich war verdammt froh, nicht wieder der einzige Mann zu sein. Und außerdem fühlte ich mich allen Anwesenden irgendwie gefühlsmäßig verbunden. Immerhin sollten wir alle in den nächsten Monaten Eltern werden. Einige sogar sehr bald. Zwei, drei sehr dicke Bäuche deuteten darauf hin.

Da wir nicht die einzigen waren, die den ersten Termin verpaßt hatten, erläuterte Marianne noch mal kurz ihren beachtlichen beruflichen Werdegang und das Kursprogramm. Wir sollten so ziemlich alles erfahren, was uns vor, während und nach der Geburt nutzen könnte, um mit den besonderen Situationen fertig zu werden. In jeder Sitzung würde es einen theoretischen und einen praktischen Teil mit Übungen geben. Dazwischen läge eine gemeinsame Meditation. In mir schrillten alle Alarmglocken. Mein Kopf fuhr zu Gesa herum, die beschwichtigend lächelte. Sie hatte bereits von ihrer Nachbarin erfahren, daß es ohne Sonnenanbetung und »Ommm« ablaufen würde. Na, dann!

Es begann der praktische Teil. Wir mußten uns jeder einen kleinen Hocker nehmen, uns darauf setzen und

einen Kreis bilden. Marianne erklärte die wichtige Funktion der weiblichen Beckenbodenmuskeln, die den Muttermund umschließen. Dann mußten wir Känguruhs simulieren. Wirklich! Um ein Gefühl für eben diesen Beckenboden zu bekommen, sollten wir uns vorstellen, wir hätten hinten am Ende der Wirbelsäule einen dicken Känguruhschwanz, den wir entspannt herunterhängen oder steil aufrichten könnten. Da saßen nun also etwa 30 Leute und hoben und senkten imaginäre Schwänze. Ich fand meinen Beckenboden nicht recht und stellte mir statt Tierschwänzen ein kühles Bier und ein tolles Abendessen vor. Einigen Männern ging es – ihrer gar nicht känguruhmäßigen Haltung nach zu urteilen – anscheinend ähnlich.

Marianne muß das gemerkt haben. Denn auf einmal sagte sie: »Die Männer können das ruhig mitmachen. Mit einem gut trainierten Beckenboden können sie später als alte Herren besser das Wasser halten.« Was für ein

Spitzenargument! »Ich denke praktisch andauernd darüber nach, wie lange ich wohl noch mein Wasser halten kann«, kicherte ich zu Gesa herüber, die diese albernen Flüstereien allerdings nicht weiter würdigte. Sie fand die Känguruh-Methode – wie alle anderen Frauen im Kurs übrigens – richtig gut, um den Beckenboden zu trainieren. Ich sagte kein Wort mehr und wartete auf die Anweisung, weitere animalische Gliedmaßen zu imaginieren. Statt dessen erklärte uns Marianne die unterschiedlichen Wehen und wie man sie am besten durch das richtige Atmen und einen entspannten Beckenboden auffängt. Da hörte ich gewissenhaft zu. Schließlich wollte ich Gesa im Ernstfall wirklich helfen können. Daß Wehen weh tun, wußte ich immerhin schon, und vor Schmerzen habe ich mächtig Respekt.

Wir machten dann noch ein paar Übungen zur Entspannung, lernten einfache Partnermassagen und wiederholten die Atemübungen. Anschließend läutete Marianne dann die Meditationsphase ein. Das Licht wurde gelöscht. Alle legten sich hin, und Marianne forderte uns (zu meiner Freude auf Deutsch) auf, jetzt mal alle entspannt zu sein. Wir müßten uns nur etwas laufen lassen. Ich ließ laufen und fühlte mich gar nicht übel. Trotzdem blieb ein leichtes Unbehagen. So ganz hatte ich mich noch nicht daran gewöhnt, inmitten von lauter Fremden auf einer Matte zu liegen und mich in Meditation zu üben. Vor allem, weil ich glaubte, mich in dieser Situation nie entspannen zu können. »Mist, vertane Zeit, Rumliegen kann ich doch auch zu Hause«, dachte ich. Aber schließlich begann ich, angenehm müde zu werden und fiel in einen leichten Schlummer. Der allerdings ziemlich rüde von Marianne unterbrochen wurde. Denn am Ende der Mediation riß sie uns immer durch lautes Zählen aus dem angenehmen Gedöse und machte das Deckenlicht an. Schließlich sollte ja noch etwas gelernt und nicht nur geratzt werden. Das kam mir damals so vor, als wenn man mich nachts durch das Abbrennen von China-Böllern weckt und mir einen Tausend-Watt-Strahler vors Gesicht hält. Im Nachhinein muß ich jedoch zugeben, daß ich mich an die Meditation nicht nur gewöhnte, sondern sie schließlich sogar als ziemlich erfrischend und sehr angenehm empfand. Zu Hause legt man sich eben nicht einfach mal so hin, um sich zu entspannen. Nach jeder Meditation gab es eine Teepause mit Kuchen. Das gefiel mir natürlich immer sehr. Dann folgte der theoretische Teil.

An diesem Abend erfuhren wir eine ganze Menge über die verschiedenen Phasen der Schwangerschaft. »Ein bißchen viel Theorie für meinen Geschmack«, dachte ich am Anfang. Aber Marianne hatte echte Entertainer-Qualitäten und referierte mit einer solchen Begeisterung, viel Witz und soviel Wissen, daß ich immer faszi-

nierter zuhörte. Vor allem verstand sie es, die physiologischen Erläuterungen jeweils mit einer Schilderung der zu erwartenden Gefühle der werdenden Eltern zu verbinden. Es gab praktische Tips zur richtigen Vorsorge, zum Verhalten bei Komplikationen, und am Ende wurden ausführlich und geduldig Fragen beantwortet.

Auf der Nachhausefahrt stritten wir uns. Lehrreich fanden wir den Abend beide. Aber ich veralberte die in meinen Augen absurde Teilnahme der Männer an den Beckenbodenübungen, was Gesa wiederum borniert fand. Die Männer könnten schließlich nicht faul auf den Matten hocken, während ihre Frauen sich mit Gymnastik abmühten. Wir wurden uns nicht recht einig.

Dieser Streitpunkt begleitete uns noch eine Zeitlang durch den Kurs, denn immer wieder gab es Situationen, in denen ich mir als Mann einfach wie ein Idiot vorkam. Einmal war es besonders blöd. Als auch die Männer einmal wieder eine Übung mit herausgestrecktem Becken machen sollten und einige nicht teilnahmen, meinte Marianne vorwurfsvoll: »Wenn die Männer hier nicht ordentlich mitmachen, können sie später auch ihren Frauen nicht richtig helfen.« Regelrecht erpreßt kam ich mir vor. Wenn ich mich also nicht freiwillig zum Hanswurst mache, bin ich ein schlechter Fast-Vater und kann später nicht helfen!

Nun mag ich zwar etwas empfindlich sein, aber ich halte es wirklich für problematisch, die Männer in vielen Schwangerschaftskursen zu allen möglichen, für sie sinnlosen und manchmal peinlichen Übungen zu zwingen. So manchem willigen Vater kann so was den ganzen Lehrgang vermiesen. Dabei geht es anders – auch bei

Marianne. In vielen Übungen konnten wir Männer unseren Frauen assistieren, sie stützen, massieren usw. Das war für mich völlig okay. Auch das richtige Atmen zu erlernen, fand ich gut und wichtig, um später im Kreißsaal ein guter Unterstützer sein zu können. Aber in Übungen das Frau-Sein zu simulieren, das ging mir einfach zu weit.

Ich glaube, einige Männer in unserem Kurs empfanden so. Sie wollten wirklich etwas lernen und machten ganz ordentlich mit, quälten sich aber ähnlich widerwillig wie ich durch einige der Übungen. Abgesehen von zweien. Die beiden waren schon Väter und machten mit ihren Frauen den gesamten (!) Kurs schon zum zweiten Mal mit. Die beiden genossen es sichtlich, die Erfahrenen raushängen zu lassen. Weltmännisch beantworteten sie Mariannes Fragen immer als erste, lächelten überheblich, wenn andere sich irrten oder naive Fragen stellten und machten auch die dämlichsten Übungen begeistert mit. Kurz: sie gaben sich alle Mühe, die besseren Mütter zu sein. Ich begann, sie zu hassen. Wahrscheinlich rissen die zu Hause ihren Frauen die Kinder von der Brust, um ihnen selber die Flasche zu geben. Heute sehe ich das entspannter. Nervös, unsicher und genervt, wie ich seinerzeit war, gaben die beiden Schwangerschaftsexperten jedoch ideale Haßobjekte ab.

Aber mein Zorn legte sich nach und nach. Immerhin ging es hier um die Geburt unseres ersten Kindes, und ich beschloß, meine Toleranzschwelle anzuheben. Schließlich machte ich, wie alle Männer in Mariannes Kurs, mehr oder weniger begeistert mit (von einigen Übungen abgesehen) und begann nach und nach, der Geburt immer zuversichtlicher entgegenzusehen. Die wichtigsten Dinge wiederholte unsere Lehrerin immer wieder. Besonders die verschiedenen Atem- und Entspannungstechniken.

Besonderes Augenmerk legte Marianne stets auf die Geburtswehen. Da in unserer Gesellschaft die Möglichkeiten rar sind, Wehen aus eigener Anschauung mitzuerleben, konfrontierte sie uns nach und nach mit den verschiedenen Wehen-Formen. Zuerst mit den ganz schwachen bis hin zu den heftigen Eröffnungswehen und denen der Preßphase. Sie machte einfach vor, wie es aussieht und wie es sich anhört während der Geburt. Als sie einmal extrem starke Wehen vorführte und dabei ziemlich laut stöhnte und schrie, war ich allerdings etwas geschockt. Muß das sein? fragte ich mich. Da kann einem ja die ganze Vorfreude vergehen! Aber Marianne wußte genau, was sie tat. Heute bin ich ihr dafür dankbar. Sie

hat damals besonders uns Männer perfekt auf das Kommende vorbereitet. Uns konnte nun fast nichts mehr schocken. Als Gesa wirklich vor Schmerzen stöhnte und schrie und sich wand, war ich zwar total fertig, aber ich geriet nicht in Panik. Denn ich sah Marianne vor mir stöhnend auf dem Boden liegen und hörte sie sagen, daß sich das eben »so anhört bei einer Geburt.« Das hat mich ungeheuer beruhigt.

Uns also hat der Schwangerschaftskurs trotz einiger Problemchen sehr viel gebracht. Über viele Wochen konnten wir uns ständig mit anderen Eltern austauschen, lernten ungeheuer viel und konnten uns mit allen Fragen an Marianne wenden. Nicht jeder wird das Glück haben, an so eine eigenwillige, aber tolle Lehrerin zu geraten. Aber es gibt sicher einige davon. Man sollte versuchen, sie zu finden.

Nach unserer letzten Sitzung bei Marianne wurden wir

richtig melancholisch. In den drei Monaten waren sich alle Teilnehmer nähergekommen. Ich hatte mich sogar fast an die beiden beflissenen Über-Väter gewöhnt. Aber nur fast.

Wie aber finden Sie nun einen Schwangerschaftskursus, der Ihnen zusagt? Jeder Kurs dient natürlich grundsätzlich dazu, die werdende Mutter und auch den Vater auf die Geburt so vorzubereiten, daß Ängste vermindert, Wissen vermittelt und Eigeninitiative gefördert werden. Selbst in einem konservativen Krankenhaus freut man sich, wenn die Gebärende weiß, was sie zu tun hat. Aber wie sehr sie nun Eigeninitiative ergreifen und mitbestimmen kann und sollte – da scheiden sich die Geister.

Grundsätzlich lassen sich drei unterschiedliche Richtungen beschreiben, auf denen die Kurse aufbauen. Wenn Sie im Kursangebot lesen, daß man nach Read, Lamaze und Zilgrei vorgeht, dann werden vor allem bestimmte Atemtechniken für die verschiedenen Phasen der Entbindung vermittelt. Durch ausreichende Aufklärung der Schwangeren, das richtige Atmen und andere Entspannungstechniken sollen, so der englische Arzt Grantly Dick Read, Ängste und Verspannungen abgebaut werden, um Schmerzen zu mindern. In Kursen nach Lamaze ist das ähnlich. Hier wird jedoch der Partner stärker zur Atemkontrolle einbezogen. In den Kursen nach Zilgrei (zusammengesetzt aus den Namen Zilo und Greising) werden Techniken zur Schmerzbekämpfung vermittelt. Die Kurse sind aber offenbar, wie die Zeitschrift »Eltern« etwas soldatisch formuliert, vor allem »für Frauen geeignet, die mit dem Kopf mitgehen und sich strenger Disziplin unterwerfen wollen«.

Die zweite Richtung kann man grob als fernöstlich orientierte Entspannungs- und Therapiemethoden bezeichnen. Meditationstechniken, spezielle asiatische Gymnastik oder Yoga für Schwangere – das wird in solchen Kursen gelehrt. Wer für solche kontemplativen Techniken aufgeschlossener ist als meine Frau und ich, dem können sie wirklich viel bringen.

Ja, und dann gibt es natürlich noch jede Menge Kurse, die ohne fernöstliche Techniken auskommen und sich auch sonst keiner bestimmten »Schule« verschrieben haben. Sie finden meist in Krankenhäusern, Familienzentren und anderen Beratungsstellen statt. Auch dort hat sich natürlich die Theorie der »sanften Geburt« herumgesprochen. Wohl kaum jemand wird noch Sprüche bringen wie »Der Geburtsschmerz adelt die Frau« oder »Der Arzt und die Hebamme sagen Ihnen schon, was später zu tun ist«. Diese Zeiten sind zum Glück (fast) vorbei. Diese Kurse können wirklich sehr gut sein, sind allerdings häufig eher »schulmedizinisch« orientiert. Ich sage nicht, daß das falsch ist. Wer aber eine möglichst natürliche Geburt möchte und die Segnungen der Apparate-Medizin nicht immer für der Weisheit letzten Schluß hält, der sollte lieber nach den Namen Lamaze, Leboyer oder Read auf den Kursprogrammen suchen.

Egal, welcher Schule man sich nun verschreibt: wichtig ist, daß in einem Kurs auch über die Ängste, Gefühle und zahlreichen Probleme der werdenden Eltern gesprochen wird. Fragen Sie vorher. Natürlich kann man nicht das gesamte Kursprogramm im voraus abchecken. Aber die Antworten auf ein paar zentrale Fragen lassen durchaus auf die Qualität des Lehrgangs schließen. Wenn den

Eltern zum Beispiel erzählt wird, ein Kaiserschnitt sei unausweichlich, wenn das Baby falsch im Mutterleib liegt (Beckenendlage etwa), dann würde ich dringend raten, den Kurs zu wechseln. Viele Geburtshelfer und Ärzte sehen das nämlich ganz anders, und auch darüber muß man in einem guten Lehrgang informiert werden.

»Zu Hause? Ambulant? High-Tech-Klinik?«
Die Entscheidung

Ja, und hier wird dann entbunden«, sagte die Hebamme mit schnarrender Stimme und wies auf ein typisches Krankenhausbett, inmitten von unheilvoll aussehenden Apparaturen. Wir waren dabei, uns die Krankenhäuser in der näheren Umgebung anzusehen. Man kann sich ja glücklicherweise aussuchen, wo das Kind zur Welt kommen soll. Dies hier würde es nicht sein. Das war uns sofort klar. »Zu traditionell und krankenhausmäßig« befanden wir beim Hinausgehen. Außerdem war uns die diensthabende Geburtshelferin nicht gerade vorgekommen wie eine sanfte Baby-auf-die-Welt-Holerin, sondern eher wie eine Verhörspezialistin. Wahrscheinlich war sie ganz patent, aber Gesa war im sechsten Monat und wir sehr, sehr empfindlich. Wer nicht beim Sprechen säuselte und einen gütigen Gesichtsausdruck trug, den hielten wir damals umgehend für einen Rohling.

Wir sahen uns also einige Kliniken an. Viele Krankenhäuser machen regelrechte Vorstellungsabende für werdende Eltern. Da erzählen dann Ärzte und Hebammen, wie es bei ihnen so abläuft bei der Geburt, und hinterher tapsen alle in den Kreißsaal, um sich mit großen, ängstlichen Augen anzusehen, wo es später zur Sache gehen soll. Schauen Sie sich unbedingt verschiedene Häuser an. Die Unterschiede sind beträchtlich. Einige Kreißsäle sehen aus wie Feldlazarette, einige wie Raumstationen, andere ganz gemütlich. Man hat bei diesen Vorstellungsabenden auch Gelegenheit, das medizinische Personal auszufragen. Da kann man schnell feststellen, ob einem die grundsätzliche Richtung behagt, zum Beispiel, ob die Wünsche der Eltern nach einer sanften Geburt ernstgenommen werden und ob die Babys die ganze Zeit, auch nachts, bei der Mutter bleiben können (»Rooming-in«).

Ich rede hier ganz selbstverständlich von Krankenhäusern, als seien sie der einzige Ort, wo heute Kinder zur Welt kommen können. Nun ist das bei uns tatsächlich bei über 90 Prozent aller Geburten der Fall. Es geht aber auch anders. Denkbar wären noch eine Hausgeburt oder die ambulante Geburt in einem Geburtshaus. Wir hatten alle möglichen Versionen diskutiert. Am liebsten hätte Gesa Henri wohl zu Hause zur Welt gebracht, wie fast alle Frauen vor ein paar Generationen. Aber erstens hatte sie davor selber ein wenig Angst, und zweitens wurde ich bei dem Gedanken sofort hysterisch. »Eine Hausgeburt? Bist du wahnsinnig?« stammelte ich, als Gesa nur so zum Scherz ihre grundsätzliche Bereitschaft zum Ausdruck brachte. In wilden Schilderungen malte ich aus, was da alles schiefgehen könnte. Henri sollte am 6. Februar zur Welt kommen, und ich beschrieb dramatisch, wie wir auf zugefrorenen Straßen in einer Notsituation in Richtung Klinik kriechen würden. Gesa sich auf dem Rücksitz windend, die Hebamme neben ihr, »Das hab' ich nicht gewollt« schluchzend.

Gesa lachte herzlich über meine apokalyptischen Phantasien, beruhigte mich aber und gestand mir dann, daß ihr für das erste Kind ohnehin der Mut für die Hausentbindung fehlte. Einig waren wir uns aber, daß wir auf keinen Fall die übliche Krankenhausgeburt mit anschließendem Klinikaufenthalt wollten. Gesa fand die Vorstellung, nicht sofort nach Hause zu können und in diesen ersten Tagen zeitweilig von mir getrennt zu sein, einfach absurd. »Da will ich nicht von Fremden umgeben sein und mein Kind von anderen wickeln lassen, sondern da will ich zu Hause sein, und mich von dir betütern lassen« forderte sie unmißverständlich. Und ich pflich-

Was sollen wir denn
nun nehmen?
Die Geburt im Wasserbecken
im Sophien stift; im Ost-
stadtkrankenhaus wird die
Geburt mit Video aufgezeichnet,
und in der Landesfrauen-
klinik gibt's
Sekt

tete ihr vehement bei. Ohne Frau und Kind nach all der Aufregung nach Hause zu fahren und da dann allein zu hocken – den Gedanken fand ich schrecklich. Also kam für uns nur eine ambulante Geburt in Frage: die Entbindung in einer Klinik mit anschließender Fahrt nach Hause, sofern es keine Komplikationen gäbe. Wir hatten uns sogar schon ein Krankenhaus ausgesucht: eine Klinik, etwa 30 Kilometer entfernt, deren Geburtsabteilung einen hervorragenden Ruf hat und die als »sanftes Haus« gilt, in dem man versucht, die Kinder möglichst natürlich auf die Welt zu bringen. Außerdem waren wir damals schon mit einer Hebamme befreundet, die dort arbeitete. Spitzenbedingungen also. Wir meldeten uns an und waren happy. Nein, was würde das kuschelig werden.

Die tolle Stimmung hielt an, bis ich mit einigen meiner Kolleginnen und Kollegen sprach. Als ich Christa, Jan, Petra und Dieter von unserer Entscheidung erzählte, schüttelten sie spöttisch lächelnd die Köpfe und unkten, das sei ja schön und gut mit so einer Kuschelklinik, sie jedoch würden das nie tun. Viel zu gefährlich. Wenn da mal was schiefginge – die meisten hätten ja keine Kinder-Intensivstation – und da könne dann schnell die Katastrophe da sein. Nein, da waren sie sich einig. Für sie käme nur eine der High-Tech-Kliniken in Frage, und seien die auch noch so unpersönlich.

Das hat mich natürlich schwer verunsichert. Ein Risiko wollte ich auf keinen Fall eingehen. Ich erzählte Gesa von meinen Bedenken, schilderte die Warnungen meiner Kollegen und gestand ihr, daß ich dabei sei, mich vom Leboyer-Schüler zum Apparate-Mediziner zu wandeln.

Gesa konnte das jedoch nicht beunruhigen. »Was willst du denn?« fragte sie. »Bei mir läuft alles planmäßig. Bisher gibt's keine Komplikationen. Warum soll ich mich in so eine verhaßte Riesenklinik legen?« Sie behauptete sogar, ein High-Tech-Krankenhaus mit »fieser Atmosphäre« und vielleicht geschäftsmäßig unpersönlichem Personal würde sie wahrscheinlich so ärgern und verunsichern, daß sie allein deswegen verkrampft und nicht – wie dringend nötig – entspannt und locker sein würde. Auch kein schlechtes Argument. Außerdem war ich bei meinem Kollegengespräch zufällig an die Hardliner in Sachen Vorsicht geraten. Andere lobten die Kuschelkliniken. Da ginge es meist viel besser mit der Geburt. Ich konnte also wählen, welcher »Schule« ich mich anschließen wollte. Das war aber nicht mehr von Belang. Denn Gesa hatte bereits gewählt. Sie wollte die sanfte Klinik am Rande Hamburgs. »Schließlich«, resümierte sie, »ist eine Geburt ein ganz natürlicher Vorgang und hat nichts mit Krankheit zu tun. Ich vertraue einfach darauf, daß Henri und ich das schaffen.«

Basta, das war's. Mich ließ der Gedanke an mögliche Komplikationen und die dann vielleicht fehlenden medizinischen Geräte und Personen jedoch nicht mehr los. Ich war erst beruhigt, als Henri da war. Und das auch erst, nachdem man mir ungefähr zwölfmal versichert hatte, daß der Kleine wirklich okay ist.

»Meine Frau explodiert gleich«

Die letzten Wochen vor der Geburt

Ich hätte nicht gedacht, daß der Bauch einer Frau so riesig werden kann. Wer noch nie eine nackte Schwangere gesehen hat, macht sich keinen Begriff davon, was für ein wunderbar pralles Ding das ist, so ein Baby-Behältnis. Es war vier Wochen vor der Geburt. Ich betrieb meine Massagen zur Verhütung der Schwangerschaftsstreifen mit faszinierter Besessenheit. Henri tobte wie ein Wilder in Gesas Kugel herum, und ich erzählte ihm beim Einmassieren der Creme die verrücktesten Geschichten. Die Vorstellung, daß er meine Stimme schon im Mutterleib hören könnte und sie später wiedererkennen würde, reichte schon, um mich in wahre Begeisterungstaumel zu versetzen. Auch Gesa genoß diese Zeit. Zwar wurde sie durch den dicken Bauch immer unbeweglicher, aber sie fand es toll, von mir umsorgt zu werden. Über meine Zwiegespräche mit Henri amüsierte sie sich köstlich, rief mich allerdings gelegentlich zur Ordnung, wenn ich anfing, allzu großen Blödsinn zu machen. Einmal wollte ich unserem Baby die Musik meines Idols Frank Zappa näherbringen, was sie sofort vereitelte. »Ich kriege dann eine Sturzgeburt« drohte sie, und ich legte zerknirscht und zum hundertsten Mal Tom Petty and The Heartbreakers auf. Deren Platten liebt Gesa und befand sie für kindgerecht. Heute spiele ich Henri manchmal Zappa vor. Er mag das recht gern und lacht viel über die seltsamen Geräusche auf den Platten. Bei Tom Petty allerdings tanzt er wie von Sinnen mit entgleisten Gesichtszügen. Die viel zitierte vorgeburtliche Prägung funktioniert anscheinend prächtig.

Drei Wochen vor der Geburt wurde es für Gesa langsam ziemlich unangenehm. Manchmal wußte sie überhaupt nicht, welche Körperhaltung sie nun wählen sollte, um nicht durch den prallen Bauch gestört zu werden. Die Gebärmutter ist in dieser Phase immerhin etwa zwanzigmal so schwer wie vor der Schwangerschaft. Besonders das Schlafen fiel ihr häufig schwer, weil sie sich nicht so

oft und in die gewünschte Stellung drehen konnte, wie es ihr gefiel.

Alles deutete darauf hin, daß es noch lange nicht losgehen würde. Gesa spürte keine Veränderung, außer daß sie immer noch dicker wurde.

Wir gingen sogar noch regelmäßig abends weg, achteten jedoch darauf, zu volle oder laute Veranstaltungen zu meiden. Eines abends waren wir zu einer Schallplattenpräsentation eingeladen. Eine Band sollte nicht spielen, es gäbe aber eine Überraschung, hieß es. Wir gingen hin und erlebten ein kleines Desaster. Denn die alten Herren von der Gruppe Deep Purple waren die Überraschung, und die wurden mit einer gewaltigen Explosion und einem grellen Lichtblitz auf einer Bühne vorgestellt. Als es knallte, hat Henri in Gesas Bauch einen gewaltigen Purzelbaum gemacht. Gesa stand in der Menge, hielt sich den Bauch und machte ein ziemlich besorgtes Gesicht. Wir sind dann schnell gegangen. Ob ihm der Lärm geschadet hat? fragten wir uns. Denn so eine heftige Reaktion hatten wir von Henri bisher nicht erlebt. Aber ein Anruf bei Silke, unserer Hebamme, beruhigte uns. »Ihr solltet das nicht allzu oft machen«, sagte sie. »Aber sich einmal kräftig erschrocken zu haben, wird ihm schon nicht schaden.«

Von da an mieden wir Veranstaltungen, bei denen es irgendwie laut werden konnte (die Jungs von Deep Purple haben sich bei dem Knall übrigens auch tierisch erschrocken, wenn ich mich recht erinnere).

In den letzten Wochen vor der Geburt veränderte sich Gesas Stimmung immer wieder mal von einer grundsätzlichen Gelassenheit zu angstvoller Sorge. Sie dachte dann plötzlich, sie könne das alles ja doch nicht schaffen, sei sowieso noch zu unreif für ein Kind und hatte sogar wieder ihre irrationalen Ängste, sie würde bei der Geburt womöglich sterben. Ich gab mir Mühe, sehr verständnisvoll zu sein, und hoffte, daß diese Stimmungstiefs sich von selber wieder geben würden – was sie auch immer taten. Außerdem hatten wir im Schwangerschaftskurs gelernt, daß Ängste und depressive Stimmungen kurz vor der Geburt nichts Unnormales seien. Immerhin rückt der große Tag der Entbindung in greifbare Nähe und angesichts dessen, was da auf die Frauen zukommt, kann ich jedweden Angstanfall verstehen. Ich muß zugeben, daß ich in dieser Zeit mehr als froh war, ein Mann zu sein. Ich wollte unbedingt ein Kind, aber als ich Gesa ansah, mit ihrem bis zum Platzen gespannten Bauch und mir dann vorstellte, daß sie in ein paar Wochen ein über 50 cm großes Kind durch den Geburtskanal pressen muß, da erschauerte ich förmlich in Ehrfurcht vor dieser ungeheuren Leistung des weiblichen Geschlechtes.

Die Tage krochen nur so dahin. Nun wurde es für Gesa wirklich beschwerlich. Zwei Wochen vor der Geburt schlief sie kaum noch eine Nacht durch, ihr Rücken tat weh, und der dicke Bauch war ihr auch tagsüber ständig im Weg. Wir waren uns einig: Jetzt könnte Henri eigentlich kommen. Gesa hatte die Schwangerschaft alles in allem sehr genossen. Nun wollte sie aber ihren Körper gern wieder im Normalzustand sehen und vor allem endlich ihr Kind in den Armen halten. Mir ging es genauso. Ich fühlte mich gut vorbereitet. Der Schwangerschaftskurs war mir noch blendend in Erinnerung. Ich glaubte, mit allem recht gut fertig werden zu können.

Auch die Strecke zur Klinik waren wir ein paar Mal abgefahren, damit es später auch reibungslos klappen würde. Es konnte also eigentlich losgehen. Doch bis zum 6. Februar waren es noch zwei Wochen, und es sah nicht so aus, als ob Henri vorhätte, vor dem errechneten Geburtstermin die Welt zu betreten. Gesa glaubte sogar, daß er bestimmt viel später kommen würde, so wenig spürte sie von den typischen Anzeichen einer nahenden Geburt.

Sie vertrieb sich die Zeit mit dem unablässigen Nähen putziger Kindersachen, ich ging weiterhin zur Arbeit und erklärte dort, daß es wohl noch dauern würde.

Die wichtigen Utensilien, die man für ein Neugeborenes braucht, hatten wir uns schon zusammengeliehen oder gekauft. Für das Auto war ein spezieller Mini-Kindersitz angeschafft worden, den man mit einem Gestell auch zum Kinderwagen umfunktionieren kann. Bei Freunden hatten wir uns einen Rollwagen geliehen – das ist ein Korb mit einem druntergeschraubten Gestell auf Rädern. Eine Wickelauflage hatte ich auf der Kommode installiert und darüber eine Wärmelampe montiert, damit der Zwerg später beim Wickeln nicht frieren würde. Das alles stand in unserem Schlafzimmer, das für die ersten Wochen zu Hause der zentrale Ort für uns drei sein würde.

Manchmal stand ich dort allein, sah auf die Wickelkommode und die Wiege auf Rädern und hoffte inständig, daß alles gut gehen und dort bald unser kleiner Henri zappeln würde. Ich versuchte zwar, es weitgehend für mich zu behalten, aber auch ich hatte Angst vor der Geburt. Angst um Gesa, Angst um unser Kind. Aber das verdrängte ich, so gut es irgend ging. Mich auch noch mit besorgtem Gesicht durch die Gegend schleichen zu sehen, wäre wirklich das Letzte gewesen, was Gesa in diesen Tagen gebraucht hätte.

Ende Januar wurde ich immer nervöser. »Wenn es nun doch früher losgeht«, unkte ich. Doch Gesa winkte nur ab. »Der braucht noch.«

Trotzdem sorgte ich gewissenhaft dafür, daß der Wagen ständig vollgetankt war und überall Eiskratzer deponiert waren. Draußen wurde es nämlich mit jedem Tag kälter. Ich trank abends keinen Schluck Alkohol mehr und ging im Kopf ständig den etwas komplizierten Weg zur Klinik durch. Unsere »Geburtstasche« mit dem Mutterpaß, Babykleidung, Handtüchern, Kissen, Hygieneartikeln, Essen für den Vater (die Frauen dürfen ja wegen eines möglichen Kaiserschnitts nichts essen) usw. hatten wir noch nicht gepackt. Gesa meinte, das sei noch viel zu früh.

Ich fand das nicht. Aber sie bestand darauf, diese Tasche selber und zur rechten Zeit zu packen. Als es dann schließlich doch früher losging als erwartet, haben wir gerade noch eine Notausrüstung zusammenraffen können, was ich Gesa ausführlich, aber erst lange nach der Geburt, vorhielt.

In diesen letzten Tagen vor der Entbindung wurde ich immer melancholischer. Ich freute mich wahnsinnig auf unser Kind, und doch spürte ich, daß jetzt ein Lebensabschnitt zu Ende ging. War das jetzt der endgültige Abschied von der Jugend? Mußten wir jetzt richtig erwachsen werden? Wir werden ja sehen, dachte ich dann. Auf jeden Fall nahm ich mir vor, mit Henri vom Tag seiner Geburt an jede Menge Unsinn zu machen, damit aus ihm ein humorvoller Mensch wird. Das hab' ich übrigens auch geschafft. Der Kleine lacht sich praktisch ständig schlapp, wenn er nicht gerade seine Wutanfälle bekommt, weil das Essen nicht in einer Millisekunde auf seinen leergeschlungenen Teller nachgeschüttet wird.

Ab und zu schritt ich damals auch im Dunkeln bei klirrender Kälte unser Grundstück ab und stellte mir vor, wo ich mit Henri später eine Höhle oder Baumhütte bauen wollte. Bezahlt waren Haus und Grundstück noch lange nicht. Aber ich nahm mir eines vor: Sobald Henri mich verstehen würde, wollte ich abends mit ihm auf dem Arm nach draußen gehen, auf das Land und unser kleines Haus mit dem dringend renovierungsbedürftigen Dach zeigen und mit feierlicher Stimme sagen: »Mein Sohn, eines Tages wird das alles hier dir gehören.« Das allerdings war ein Irrtum. Das Haus gehörte Henri bereits zur Hälfte, als er zu krabbeln begann. Mit seinen ersten Schritten nahm er es dann schließlich pöbelnd und marodierend ganz in Besitz.

»Gigantischer Wurm«
Die Geburt

Henri kam schließlich drei Tage früher als erwartet. An einem Sonntag. Am Abend davor waren unsere Freunde Heiko und Valerie bei uns zum Essen eingeladen. Gesa hatte den ganzen Tag am Telefon gehangen und mit unserer Freundin und Hebamme Silke geklönt. Dauernd bekräftigte sie, wie sicher sie sei, daß es bis zur Geburt wohl noch eine Weile dauern würde. Ich stand derweil fluchend in der Küche und kam mit den Entenbrustfilets in Orangensauce nicht recht weiter. Als Gesa dann endlich zu mir stieß, wurde es etwas hektisch. Aber trotz ihres dicken Bauches wirbelte sie im Eiltempo herum, und das Essen wurde gerade noch rechtzeitig fertig.

Der Abend war recht nett. Von der nahenden Geburt haben wir nur am Rande gesprochen. Aber abends im Bett klagte Gesa das erste Mal über ziehende Schmerzen im Rücken. Und ihr sei auch »so komisch irgendwie«. »Na, dann geht's ja wohl bald los«, witzelte ich und wußte gar nicht, wie recht ich hatte. Die Nacht verlief ruhig. Gesa konnte trotz ihres merkwürdigen Befindens schlafen. Ich lag noch eine Zeitlang wach und überlegte, ob es wohl morgen passieren würde. »Bestimmt nicht. Wir haben ja noch nicht mal unsere Kliniktasche fertig gepackt«, sagte ich mir und drehte mich um. Als ob das ein entscheidender Faktor zur Verhinderung der Geburt wäre.

Am Morgen so gegen neun kamen die Schmerzen verstärkt zurück. Besonders die im Rücken. Es war am 3. Februar, drei Tage vor dem errechneten Geburtstermin. Als nach dem Frühstück die jetzt in regelmäßigen Intervallen auftretenden Schmerzen immer schlimmer wurden, beschlossen wir, Silke anzurufen. »Bei Gesa tut sich was«, erzählte ich ihr, immer noch annehmend, das Ganze seien irgendwelche Übungs-Wehen. Silke reagierte denn auch dementsprechend. »Ganz ruhig bleiben«, riet sie. In zwei Stunden wisse man mehr. Wir warteten ab. Das heißt, ich wartete. Gesa wälzte sich alle drei Minuten auf dem Bett und hatte jetzt sehr starke Schmerzen. »Es tut verdammt weh« meinte sie. Wenn sie gewußt hätte, was noch kommen würde.

Ich beschloß, aktiv zu werden und ließ erst einmal ein Bad ein. In der warmen Wanne, so heißt es, würde man die echten von falschen Wehen gut unterschieden können. Die falschen wären nämlich danach oft weg. In der Wanne ging es Gesa tatsächlich etwas besser. Also keine Geburt, dachte ich. Fehlanzeige. Kaum war Gesa draußen, da kamen die Schmerzen zurück. »Gut«, meinte ich und ließ den kundigen Schwangerschaftskursler heraushängen. »Dann wollen wir das mal zusammen wegatmen.« Doch – grau ist alle Theorie – so leicht war das gar nicht. Mitten in unseren Übungen rief Silke an, und wir schilderten ihr Gesas Zustand. Jetzt wurde sie hellhörig. »Tut immer noch weh? Kommt in regelmäßigen Intervallen? Leute, ich bin unterwegs.«

«Sofort fühlte ich mich besser. »Silke kommt, die wird's schon richten«, sagte ich zu Gesa, die gequält lächelnd auf dem Bett lag. Gegen 14 Uhr klingelte unsere Hebamme. Endlich. Die Wehen waren stetig heftiger geworden. Gesa wälzte sich unruhig im Bett hin und her. Silke sah mich an und nickte. Ihre Erfahrung sagte ihr: Da geht's los! Sie hatte einen Wehenschreiber von einer Kollegin mitgebracht, »verkabelte« Gesa und maß heftige Kontraktionen. Anschließend untersuchte sie Gesa, und sofort war klar: Wir mußten umgehend los. Der Muttermund war bereits drei Zentimeter eröffnet. Ich wurde ziemlich schnell nervös. Gesa allerdings hatte trotz ihrer Schmerzen immer noch die Übersicht, und sagte mir, was ich wo für die Klinik finden würde. Auf das Essen für den Vater wollte ich verzichten. Aber Silke schickte mich zum Broteschmieren in die Küche. »Das brauchen wir nachher, glaub' mir«, sagte sie, und ich gehorchte.

Nach einigem Hin und Her begann dann schließlich die einstündige Fahrt in die Klinik. Dahin, meint Silke, würden wir's auf jeden Fall noch schaffen. Gesa hielt sich tapfer. Ich war verdammt stolz auf sie. Ich wäre längst zusammengebrochen und hätte nach einem Krankenwagen verlangt. In zwanzigtausend Decken eingemummelt, saß sie hinten im Auto und gab mir trotz starker Wehen sogar noch Anweisungen, wie wir am besten fahren mußten. Ich war nämlich so höllisch nervös, daß ich einige kleine Umwege fuhr. In diesen Fällen war von hinten plötzlich Gesas Stimme zu hören: »Fahr da vorn wieder auf die Hauptstraße, du Dödel.« Einfach klasse, diese Frau.

Um 16.20 Uhr waren wir dann endlich da. Silke besetzte

sofort den mittleren (und besten) Kreißsaal und meldete uns an. Wir fühlten uns sofort recht wohl, weil alles so untypisch für ein Krankenhaus war. Schummriges Licht, ein breites Kreißbett, das mehr wie ein Schöner-Wohnen-Ruhelager aussah, und natürlich die dezent im Hintergrund verborgenen medizinischen Geräte. Man hatte hier nicht das Gefühl, daß eine Geburt eine Krankheit, sondern eher ein zwar anstrengender, aber letztendlich natürlicher Akt ist. Dies schreibe ich natürlich heute, nachdem alles glatt gegangen ist. Wenn es Komplikationen gegeben hätte, wäre ich wohl doch lieber in einem High-Tech-Krankenhaus gewesen. Silke untersuchte Gesa noch einmal und stellte erfreut fest, daß der Muttermund bereits sechs Zentimeter geöffnet war. Gesas schmerzhafte Arbeit war also nicht umsonst – es ging voran. Allerdings ohne Atempause für die werdende Mutter. Die Wehen kamen nun in regelmäßigen, sehr kurzen Abständen, und Gesa hatte kaum Zeit, sich zu erholen. Unsere Entspannungsübungen aus Mariannes Kursus konnten wir anfangs kaum ausprobieren. Aber komischerweise hatte Gesa sich ausgerechnet das gemerkt, was wir während des Kurses am doofsten fanden: Die Sache mit dem entspannten, etwas blöden Gesicht, das automatisch helfen soll, auch den Körper zu entspannen. Dieses Bild hatte sie während der Wehen ständig vor Augen. Sie hat dieses »blöde« Gesicht gemacht – und es hat ihr geholfen.

Silke war einfach wunderbar. Sie blieb immer ruhig und hatte mit bemerkenswerter Souveränität alles im Griff. Mir ist erst im Laufe dieser Geburt klargeworden, welch wichtige Rolle eine Hebamme überhaupt hat. Erst war ich mißtrauisch und dachte, jede Sekunde müßten drei, vier Ärzte mit Instrumenten hereinstürmen, um zu überwachen, wie wir drei die Sache machen. Aber nach und nach ist mir klargeworden, daß in der Regel die Hebamme die Geburt leitet und die Ärzte häufig nur bei Komplikationen tätig werden. Wie gesagt: All dies sind meine Schlüsse nach einer normal verlaufenen Geburt. Wie es ist, wenn es heikel wird, vermag ich nicht zu sagen.

Endlose Stunden folgten, in denen eine Wehe fast ohne Pause die andere ablöste. Was für eine Quälerei! Gesa kam langsam an ihre Grenzen. Mir ging die Sache jetzt ziemlich an die Nieren. Da saß ich nun und sah, wie meine Frau am ganzen Körper zitterte, stöhnte und schrie und konnte ihr nur helfen, indem ich sie strei-

chelte, massierte und ihr gut zuredete. Ich versuchte, Zuversicht zu verbreiten, aber im stillen fürchtete ich schon, daß vielleicht etwas schiefgeht und begann, Angst zu kriegen. Zwischendurch ging ich mal für ein paar Minuten raus, um eine Zigarette zu rauchen. Eigentlich rauche ich gar nicht, aber in extremen Streßsituationen beruhigt mich der leichte Schwindel, den das Nikotin bei mir erzeugt. Außerdem, so witzelte ich insgeheim, gehört ein kettenrauchender Vater bei einer Geburt irgendwie dazu. Draußen in der eisigen Kälte wurde ich wirklich wieder etwas ruhiger. Es war bereits dunkel. Ich sah auf all die erleuchteten Fenster in der Umgebung und sagte mir, daß die Menschen da drinnen auch alle irgendwie auf die Welt gekommen seien, und daß es wohl auch bei uns klappen würde. Schließlich hatte nichts auf eine Risikogeburt hingedeutet.

Auf dem Weg zurück in den Kreißsaal hörte ich Gesa schon von weitem stöhnen. »Hoffentlich ist es bald vorbei«, dachte ich und fragte mich, wie lange Gesa es wohl noch aushalten würde. Sie hatte sich fest vorgenommen, ohne Betäubung auszukommen, um jedes Risiko für das Kind und sich selbst zu vermeiden.

Aber ihre härteste Zeit kam erst noch. Gegen 20 Uhr begannen die gefürchteten Übergangswehen: Gesa fing an zu zittern und sich unter den ungeheuren Schmerzen zu verkrampfen. Später erzählte sie mir, sie habe alles nur noch wie durch einen Schleier wahrgenommen. Das Leben bestand für sie nur noch aus dem Rhythmus Wehe – Pause – Wehe. Ich zweifelte, ob sie das noch lange aushalten konnte. Silke versuchte, wieder Ruhe ins Geschehen zu bringen. »Ja, das ist gemein«, bestätigte sie. »Aber danach wird's besser. Dann kommt das Kind nämlich bald.« »Hoffentlich«, dachte ich und versuchte, die aufkeimende Panik zu bekämpfen. Denn so langsam konnte ich dieses Elend nicht mehr mit ansehen. Ich dachte an Begriffe wie »Urgewalt«, »tierisch«, »barbarisch«. Unser Kind schien mir wie ein gigantischer Wurm, der sich mit monströser Kraft einen Weg ans Licht bahnt, der ihm eigentlich viel zu eng ist. Also wird der Weg mit Gewalt so verändert, daß der Wurm hindurchpaßt. Die Übergangswehen kamen mir endlos vor. Zu allem Unglück wurden Henris Herztöne jetzt auch noch schlechter. Nun ging es ihm zu schnell. Silke holte eine Ärztin, Hanna hieß sie, und beide beschlossen, Gesa einen Wehenhemmer zu geben, um Henri eine Pause zu gönnen. Ich war fix und fertig. Da ich das Geschehen nicht richtig einordnen konnte, dachte ich, jetzt ginge alles schief. Ich starrte mit düsterem Blick vor mich hin. Aber die Pause tat Gesa und unserem Kind wirklich gut. Dann gingen die Wehen weiter, wurden sogar noch schlimmer. Silke beschloß, jetzt die Fruchtblase zu öffnen, um die Geburt zu beschleunigen. Das Fruchtwasser war grün. Kein sehr gutes Zeichen. Gesa verkrampfte sich sichtlich. Schließlich wurde auch Silke etwas ungeduldig und meinte: »So, jetzt muß Henri aber kommen.« Sie brachte einen Gebärhocker, auf den Gesa sich setzte, ich hinter ihr. Die Austreibungsphase war in vollem Gange. Auch Hanna, die Ärztin, kam jetzt wieder. Silke griff zu den Instrumenten für einen kleinen Dammschnitt, weil sie vermutete, daß Henris Kopf doch ein bißchen zu breit für Gesa sein würde.

Ich bekam das alles nur noch wie in Trance mit. Wann

Zum Baby-Wickelkurs bin ich mitgegangen, die Schwangerschaftsgymnastik haben wir zusammen gemacht, während der Wehen habe ich ihr noch „Die sanfte Geburt" vorgelesen, und was hat's genützt? Gar nichts. Gesa hat alles ganz anders gemacht würde der Kleine nur endlich kommen? Dann der Durchbruch. Bei den nächsten Wehen konnte Gesa Henris Kopf schon mit der Hand fühlen. Gleich würde er da sein. Gesa tat, was sie konnte, Pressen. Nicht pressen. Wieder pressen, usw. Silke feuerte sie an und begann, mit den Händen mitzuhelfen. Hanna setzte die Schere an, machte einen kleinen Schnitt. Und endlich – um 21.34 Uhr machte es »flutsch«, und Henri war draußen. Er fing umgehend an zu schreien. Hanna und Silke nabelten ihn relativ schnell ab, um ihn auf der Wickelkommode abzusaugen. Das mußte sein, weil das Fruchtwasser schon grün war. Henri war trotz des frühen Termins schon mehr als fällig gewesen. Das sah man an seinen langen Fingernägeln. Ich blieb regungslos bei Gesa sitzen. Sie war erst mal nur erleichtert, daß die Schmerzen weg waren. Sich um Henri zu kümmern, dazu hatte sie jetzt noch keine Kraft. Aber nach der Erstversorgung unter der Wärmelampe wurde ihr der Kleine endlich auf den Bauch gelegt. Nach zwanzig Minuten fing er dann an, wie ein Besessener an Gesas Brust zu saugen. Das war er nun also, unser Sohn. Ein recht schrumpeliger, kleiner Kerl, der aber schon wahnsinnig süß aussah. Ich machte mir – ganz Katastrophen-Kester – sofort Sorgen wegen seiner vermeintlich schräg stehenden Augen und bildete mir ein, Henri sei mongoloid. Aber man überzeugte mich, daß Babys alle so aussehen, wenn sie durch den Geburtskanal gequetscht wurden.

Jetzt herrschte entspannte Ruhe. Wir machten ein paar Fotos, und ich badete den Kleinen. War ein tolles Gefühl, seinen Sohn endlich zu sehen, ihn endlich anfassen zu können. Henri bekam seine Vitamin- K-Spritze (dazu später mehr). Natürlich motzte er rum. Gerade auf der Welt und schon piekste man ihn. Gesa wurde jetzt chirurgisch versorgt. Eine hinzugekommene zweite Ärztin (Hanna hatte Schichtende) nähte den kleinen Dammschnitt. Silke und ich saßen auf dem Rand des Kreißbettes, unterhielten uns dabei über die Geburt, und Gesa empfand seltsamerweise gerade diese Situation als sehr entspannend und angenehm. Es war eben trotz der kleinen »Operation« nicht wie im Krankenhaus. Schließlich räumten wir den Kreißsaal und zogen in ein kleines Entbindungszimmer um, in dem wir uns alle ausruhen konnten. Dort saßen wir und bestaunten das kleine Wesen. Wir beschlossen, wie geplant, noch in derselben Nacht nach Hause zu fahren. Silke würde bei uns schlafen und gleich am nächsten Morgen mit der Nachsorge anfangen. Anschließend rief ich unsere Eltern und meinen Bruder Gerald an und holte für Silke, Gesa und mich etwas zu trinken, denn wir hatten alle monströsen Durst.

Meine Gefühle waren noch ein wenig indifferent. Ich war erleichtert, glücklich und doch auf eine seltsame Art unbeteiligt. Es schien mir, als sähe ich das alles in einem Film und sei nicht direkt beteiligt. Seltsam, aber vielleicht war das eine Reaktion auf all den Streß der letzten zwölf Stunden. Ich ging zum Auto. Draußen war es stockdunkel und klirrend kalt. Eiskratzen war angesagt. Als die Scheiben frei waren, blieb ich einen Augenblick allein am Auto stehen, sah in die Nacht hinaus und dankte Gott, daß alles gut gegangen war. Das klingt vielleicht etwas kitschig, aber genau so war es. Langsam fiel die Spannung von mir ab.

Ich ging wieder nach drinnen. Gesa und Henri lagen auf einem kleinen Bett. Der Kleine war bereits angezogen und hatte ein sogenanntes »Teufelsmützchen« auf, eine Pudelmütze, die oben spitz zuläuft. Das sah einfach wunderbar aus. Gesa wirkte überglücklich, sagte aber nicht sehr viel. Später meinte sie, sie habe diese Situation mit uns dreien einfach nur genießen wollen, ohne viel zu reden. Jedes Wort sei ihr da überflüssig erschienen. Dafür sabbelte ich um so mehr.

Nach einer Stunde gingen wir runter zum Wagen. Ich war baff, daß Gesa schon wieder gehen konnte. Henri – eingewickelt in zwei Millionen Decken – ratzte bereits mit seinem »wichtigen« Gesichtsausdruck, der so charakteristisch für ihn werden sollte. Die Fahrt nach Hause begann. Ich fuhr übervorsichtig. Gegen zwei Uhr morgens waren wir endlich da. Gesa legte sich mit Henri sofort hin, und ich briet für Silke und mich Spiegeleier mit Speck. Das brauchten wir jetzt, nach dem harten Stück Arbeit. Gesa wollte nichts essen, sondern nur im Bett liegen und sich ihr Werk, an dem sie zehn Monate gearbeitet hatte, in Ruhe ansehen. Um vier Uhr morgens gingen wir alle schlafen. Das heißt, wir versuchten es, waren aber einfach noch zu aufgeregt. Gesa und ich saßen Händchen haltend nebeneinander und beobachteten unseren Sohn, lauschten seinen leisen Atemzügen, rochen an ihm herum (Babys riechen einfach Klasse) und fühlten uns einfach nur saugut.

Erst später, als wir die Geburtsschilderungen anderer Paare hörten, wurde uns klar, wie toll alles bei uns gelaufen war. Typisch für eine Geburt waren unsere Erlebnisse nicht gerade. Eine Umfrage der Zeitschrift »Eltern« unter 1100 Frauen ergab, daß die meisten Eltern nach der Geburt Grund zu zahlreichen Klagen haben. So hatten sich zwar 80 Prozent der werdenden Mütter eine Klinik ausgesucht, in der sie unterschiedliche Geburtspositionen würden einnehmen können. 77 Prozent aber mußten ihr Baby dann doch im Liegen bekommen. Entweder war die Badewanne gerade besetzt, der Gebärhocker

nicht in Ordnung, oder es gab ganz einfach keine Zeit für »Experimente«. Dabei ist es so wichtig, unterschiedliche Positionen auszuprobieren. Bei uns ging die Geburt ja auch erst voran, als Gesa auf dem Hocker saß. Viele Frauen beklagen sich außerdem über Bevormundung, unfreundliche Behandlung und das allgemeine Gefühl, nicht ernst genug genommen zu werden. Eine der von »Eltern« befragten Frauen resümierte: »Man müßte vor der Entbindung einen Kurs ›Wie setze ich mich in der Klinik durch?‹ absolvieren.«

Angesichts solcher Klagen erscheint es doppelt wichtig, sich bei der Klinikwahl genau umzusehen. Fragen Sie genau nach, und erkundigen Sie sich bei Freunden und Bekannten, ob das Personal in den Kreißsälen im entscheidenden Moment auch halten kann, was es bei den netten Vorstellungsabenden verspricht. Wenn Zweifel bestehen: lieber eine andere Klinik wählen. Und vor allem: Beschweren Sie sich hinterher über falsche Versprechungen und schlechte Behandlung, und erzählen Sie möglichst vielen Leuten davon. Nur so kann etwas geändert werden. Die Kliniken sind nämlich scharf darauf, möglichst viele Entbindungen ins Haus zu bekommen, um ihre Betten vollzukriegen. Einen schlechten Ruf kann sich auf Dauer kein Haus leisten.

»Den Boden verlieren«
Die ersten Tage zu Hause

Es war paradox. Wie kann ein Mensch total glücklich und erleichtert sein und gleichzeitig ein Gefühl der Haltlosigkeit und Entwurzelung haben? Genau so ging es mir nämlich in den ersten Tagen zu Hause mit Frau und Kind. Ich hatte mir vier Wochen Urlaub genommen und beschlossen, nur für Gesa und das Kind dazusein. An Henri konnte ich mich überhaupt nicht sattsehen, so begeistert war ich von dem kleinen Wurm. Dennoch war ich nicht restlos glücklich. Neben all der Freude und Erleichterung spürte ich, daß ich innerlich total durcheinander war. Die Umstellung war zu groß. Plötzlich war die ruhige Zweisamkeit auf unserem »Landsitz« einer hektischen Aufregung gewichen. Jetzt waren wir zu dritt, und nichts lief mehr in gewohnten Bahnen. Gesa lag die ersten Tage meistens im Bett und erholte sich. Ihre Mutter kam regelmäßig und half uns im Haushalt, und Silke besuchte uns jeden Tag zur Nachsorge. Alles war sehr geschäftig. Und eigentlich hätte auch ich in bester Stimmung sein müssen. Es war aber leider nicht so. Ich versuchte, mir nichts anmerken zu lassen. Schließlich gab es ja keinen Grund, mich komisch zu fühlen. Trotzdem beobachtete ich alles wie durch ein umgedrehtes Fernrohr, spürte eine irritierende

Entfernung zu dem munteren Treiben. »Das geht wohl vorüber«, hoffte ich.

Natürlich schlief Henri, wie alle Kinder, zunächst nachts nicht durch, sondern wachte regelmäßig nach ein paar Stunden auf und wollte an Gesas Brust. Besonders sein Schreien hat mich anfangs total verunsichert. Babygeschrei ist so laut, durchdringend und grell, daß es einen förmlich aus dem Bett reißt. Wie Nadelstiche dringen diese fiesen Frequenzen in die Gehörgänge und sorgen für einen umgehenden Adrenalinausstoß. Es ist erstaunlich, wie schnell man mitten in der Nacht in null Zeit kerzengerade im Bett sitzt und Sekunden später ohne Kreislaufattacke am Bett seines Kindes steht. Selbst wenn das Schreien durch zig Türen und Wände gedämpft wird, hat es noch die gleiche Wirkung. Schnell bildet sich bei den jungen Eltern eine Art übersinnliche Wahrnehmung heraus. Wenn wir mit Freunden unten beieinander saßen und uns bei Musik angeregt unterhielten, ruckten unsere Köpfe oft plötzlich zur Tür und einer sprang auf und rannte nach oben. Wir hatten Henri in all dem Lärm schreien gehört, und unsere Gäste staunten – allerdings nur die kinderlosen.

Ich hatte große Schwierigkeiten, mich an die andauernde Störung meiner Nachtruhe zu gewöhnen. Henri lag neben uns in seiner Wiege, und beim kleinsten Muckser sprang einer von uns auf und holte den kleinen Gnatzkopf zu uns ins Bett. Der vertraute Tag-Nacht-Rhythmus wich einem unruhigen »Was-Will-Henri-Zyklus«. Morgens fühlte ich mich wie gerädert. Gesa auch, aber ihr schien es nicht soviel auszumachen.

Ich rief mich zur Ordnung: »Du Idiot, was hast du denn?

Frau und Kind sind gesund. Ihr seid zu Hause, und du bist melancholisch und machst dir ins Hemd, weil du nicht durchschlafen kannst. Reiß dich gefälligst zusammen, du wehleidiger Penner«. Doch auch solche herbkräftigen Selbstgespräche halfen nichts: Ich fühlte mich zwischendurch immer wieder seltsam entwurzelt und ertappte mich sogar dabei, daß ich mich nach der Arbeit sehnte. Dort wußte ich Bescheid, da herrschten bekannte Strukturen. Und schließlich dämmerte mir. Ich fühlte mich in den ersten Tagen zu Hause nämlich genau so wie beim Antritt eines neuen Jobs. Unsicher, leicht gestreßt, das Terrain sondierend und vor allen Dingen etwas fremd. Gesa konnte Henri stillen, was ihr ein Gefühl tiefer Befriedigung gab. Silke kam jeden Tag und führte souverän das Kommando. Und ich wartete ab, was man mir zu tun ab. Ich mußte eben erst einmal lernen, zu Hause meine neue Rolle zu finden, zu erkennen, worin sie denn nun im alltäglichen Leben besteht, die sogenannte Vaterschaft. Genausowenig wie ich die zweideutige Bemerkung eines neuen Chefs anfangs einzuordnen wußte, konnte ich jetzt Henris verschiedene Äußerungen interpretieren. Warum schreit er jetzt? Atmet er nicht komisch? Warum schläft er nicht wieder ein? Muß ich jetzt aufstehen?

Ich wollte einfach die Dinge wieder im Griff haben, wollte wissen, was zu tun, was richtig oder falsch war. Gesa ging es zum Glück ganz anders. Sie genoß die ersten Tage zu Hause sichtlich, ließ sich umsorgen und war eins mit ihrem Kind. Die postnatale Depression hatte ich.

Aber dieser Zustand war zum Glück nur von kurzer

Dauer. Ich merkte, daß die beste Therapie gegen frühväterliche Depressionen darin besteht, soviel wie möglich mitzumachen, sich bloß nicht wegschieben und zum Statisten degradieren zu lassen. Ich lernte, den Kleinen zu wickeln, badete ihn und hatte ihn soviel wie möglich auf dem Arm oder in einem Tragetuch vor dem Bauch. Gesa pumpte mit einer lustigen Muttermilch-Absaugvorrichtung, die man in einer Apotheke leihen kann, Milch ab (»Guck mal, ich seh aus wie 'ne Kuh«). Ich übte anschließend, Henri die Flasche zu geben, was anfangs wieder Erwarten gar nicht so leicht war. Bald war das Gefühl der Entwurzelung total weg. Ich gehörte wieder dazu, wußte, was zu tun ist. Besonders wunderbar war es, Henri zu baden. Wir standen dann immer verzückt vor der kleinen Wanne und freuten uns über sein entspanntes Gesicht.

Aus einer Videothek lieh ich mir für ein paar Tage eine Videokamera und dokumentierte Henris Inthronisation. Wir haben das in den ersten zwei Jahren etwa alle sechs bis acht Wochen wiederholt und besitzen mittlerweile zwei spitzenmäßige »Henri-Videos«, auf denen alle Entwicklungsschritte festgehalten sind. Es macht irre Spaß, sich nach einem Jahr wieder anzugucken, wie alles anfing, wie winzig der Kleine damals war oder wie blöd man sich teilweise angestellt hat. Gesa pflegte nämlich auch immer dann zu filmen, wenn ich mal was vergeigte. So sind denn auch ein paar wenig schmeichelhafte Szenen auf den Bändern, die mich zum Beispiel fluchend mit »Kacki« im Ärmel im Badezimmer zeigen.

Die Familie und die engsten Freunde erschienen etappenweise. Die Begeisterung über meinen Sohn machte mich natürlich stolz. Meine Eltern waren ganz aus dem Häuschen über ihren ersten Enkel und haben ihn vom ersten Tag an vergöttert. Gesas Eltern selbstverständlich auch, aber für sie war es ja keine Enkel-Premiere wie für meine. Ducken und seine Freundin Ruth waren ebenfalls sofort in den Kleinen vernarrt. Ducken nannte ihn sofort »den Stutzen«, in Anlehnung an den »Henri-Stutzen«, ein bekanntes Gewehr aus dem Wilden Westen. Ich fand's komisch, Gesa und Ruth fanden's doof. Der Name hielt sich folglich nicht lange. Dafür erhielt Henri einen ganz anderen, recht sonderbaren Namen. Ich nannte ihn einmal, ohne viel nachzudenken, »mein kleines Gwili-Monster«. Fragen Sie mich nicht, was das heißt und wie ich darauf kam. Keine Ahnung. Es war nur so eine Lautmalerei, die ich grad passend fand. Aber seitdem wird Henri von Gesa, Ducken und mir immer mal wieder »Gwili« oder »der Gwil« genannt. Leute, die das nicht wissen, gucken allerdings etwas komisch, wenn mein Bruder Sätze wie »Kessi, der Gwil hat gekotet«, sagt.

In den ersten paar Tagen klingelte natürlich auch ständig das Telefon. Freunde und Verwandte riefen an, die Kolleginnen und Kollegen erkundigten sich, und ich leierte jedesmal die Daten herunter: »3200 Gramm, 52 cm, zwei bis zwölf blonde Haare, blaue Augen.« Irgendwann ging mir das mächtig auf den Wecker, obwohl ich mich wirklich über die rege Teilnahme freute. Unser Freund Heiko, ebenfalls ein junger Vater, hatte dieses Problem elegant mit Hilfe der modernen Fernmeldetechnik gelöst. Wenn er keine Lust mehr auf Gespräche hatte, schaltete er seinen Anrufbeantworter ein, auf dem er dann mit fröhlicher Stimme Gewicht, Größe, Aussehen und die wesentlichsten Geburtsvorkommnisse durchgab. Das kam allerdings nicht überall so gut an wie bei mir.

Irgendwann wurde es mit dem vielen Besuch recht anstrengend. Kaum hatten wir den Kleinen zum Schlafen gebracht und uns mal in Ruhe hingesetzt, da klingelte es schon wieder.

»Hallooooo ....., wir waren gerade in der Nähe und wollten uns nur mal schnell den Kleinen angucken.« Natürlich freut es einen, wenn Interesse für den Nachwuchs gezeigt wird. Andererseits ist die junge Familie in den ersten zwei Wochen gerade in der Aneinander-Gewöhnen-Phase und somit von extremer Empfindlichkeit geplagt. Auch wenn der Besuch vorgibt, keine Ansprüche zu stellen. Es muß ja doch einer der Eltern Kaffee machen und den Gastgeber spielen. Das kann das zerbrechliche Gleichgewicht in der jungen Familie entschieden stören. Geschenke für das Baby sind natürlich nett. Der beste Besuch jedoch ist der, der mit einem Topf Suppe o.ä. unter dem Arm hereinkommt, sich das Baby anschaut, in die Küche geht, sich selbst einen Kaffee macht und nach einer angemessenen Zeit mit den Worten »Wir rufen dann mal durch« wieder verschwindet.

Und dann die unangenehme Grabbelei. Einige Men-

schen können es nicht verstehen, daß man sein frischgeborenes Kind wie ein kleines Wunder empfindet und es für zerbrechlicher und empfindlicher hält, als es in Wirklichkeit ist. Ich bin jedes Mal zusammengezuckt, wenn jemand plötzlich nach Henri griff, ihn sich vors Gesicht hielt und dem Kind aus drei Zentimetern Entfernung »Neiiin, ist der süß« ins Gesicht schrie. »Ich bin doch selber Mutter (oder Vater)«, hieß es dann stets, wenn solche groben Personen unsere entsetzten Gesichter sahen. Ganz besonders ätzend fand ich es immer, wenn die Leute auch noch mit riesigen Fotoapparaten auftauchten und den Kleinen in ein Blitzlichtgewitter tauchten. Ich fürchtete dann sofort um seine Sehkraft, so grell donnerte ihm die ungewollte Lightshow ins zerbrechliche Antlitz. Einmal kam sogar jemand mit einem Hund, der sofort hechelnd und Schmutz verstreuend durch die Wohnung donnerte. Auch nicht gerade das Wahre, wenn man ein Neugeborenes auf einer Kuscheldecke am Boden liegen hat.

Na ja, vielleicht waren wir damals etwas zu empfindlich.

Aber das sind fast alle Eltern, und das muß man sich als Besucher eben immer wieder klarmachen, wenn man der jungen Familie keinen Streß bereiten will.

Besonders in Erinnerung geblieben ist mir aus diesen Tagen unser erster Spaziergang mit Henri. Wir packten den kleinen Gwili warm ein, legten ihn in seinen Kinderwagen und schoben ihn ganz vorsichtig im Schneckentempo durch unser verschneites Dorf. Was waren wir stolz: Wir, die junge Familie mit Kind, das dort wunderbar entspannt unter seiner Decke ratzte. Leider trafen wir keine Bekannten, denen wir uns präsentieren konnten. Denen begegneten wir erst, als Henri vor Hunger infernalisch brüllte und wir gequält lächelnd und merklich schneller wieder nach Hause strebten.

Silke kam fast zwei Wochen lang jeden Tag vorbei. Das gehört zur Nachsorge. Jedesmal untersuchte sie Gesa, sah sich die Dammnaht an, fragte, wie es mit dem Stillen klappte und checkte anschließend Henri durch. Am wichtigsten in der Zeit nach der Geburt ist die sogenannte »Nabelpflege«. Ein Teil der Nabelschnur hängt nämlich eine Zeitlang noch am Bauch der Neugeborenen und muß ab und zu gesäubert und gepudert werden, damit der Nabel sich nicht entzündet (das kann nämlich sehr gefährlich werden). Irgendwann fällt das Reststück dann ab, und die Sache ist erledigt. Bis dahin säuberten und puderten wir gewissenhaft. Silke kam recht gern zu uns. Nicht nur, weil wir ohnehin befreundet sind, sondern weil Gesas Mutter mittags für uns immer die wahnsinnigsten Sachen kochte. Eine solche Hilfe ist Gold wert.

Mit Henris Gedeihen war Silke sehr zufrieden. Er nahm

prächtig zu und wurde merklich moppeliger. Alle Eltern finden ihre Kinder natürlich süß. Ich bin mir jedoch sicher, daß Henri besonders süß war (und ist). Seine markante Unterlippe mit dem leichten Linksdrall, die ihm beim Schlafen immer diesen schon erwähnten, wichtig-abgeklärten Ausdruck verleiht, seine blonden Haare, die blauen Augen, die wohlgeformte Nase und der kleine Speckrand unterm Kinn. Der Kleine sah einfach spitzenmäßig aus, und ich war jeden Tag aufs neue hin und weg, wenn ich ihn mir ansah. Manchmal saß ich stundenlang mit ihm auf der Couch, wiegte ihn auf meinen Knien und hörte leise Musik. Mein Tip: Billie Holiday oder Chopin. Henri gab dabei immer wohlig-knarrende Laute von sich und ratzte zufrieden vor sich hin.

Nachts war er dann oft weniger zufrieden. Darmkoliken plagten ihn, und mit dicken Augen bemühten wir uns, ihn durch sanfte Bauchmassagen zu entlasten. Während einer Schreiattacke blutete sogar sein Nabel ein wenig. Das kommt manchmal vor, wenn so ein Wurm sich richtig doll »einschreit« und dabei die Bauchdecke kräftig gespannt wird. Wir waren entsetzt. Silke beruhigte uns jedoch. Solange es nur so wenig sei und nicht dauernd passiere, bräuchten wir uns keine Sorgen zu machen. Ich fand's trotzdem schrecklich. Stellen Sie sich vor, Sie erzählen jemandem: »Mein Baby hat so lange geschrien, bis es aus dem Bauch blutete.« Das klingt doch wirklich furchtbar.

Neun Tage nach Henris Geburt war es dann höchste Zeit für die »U 2«. Es geht nicht um die Rockgruppe von Bono und Co., sondern um eine der insgesamt neun vorgesehenen Vorsorgeuntersuchungen, die man unbedingt wahrnehmen sollte, wenn einem die Gesundheit seines Kindes wichtig ist. Die sogenannte U 1 findet gleich in der Klinik statt. Die U 2 folgt zwischen dem 3. und 10. Lebenstag. Die U 3 findet dann zwischen der 4. und 6. Lebenswoche statt.

Dann haben die Kleinen erst einmal ein bißchen Ruhe. Zur U 4 müssen sie sich erst zwischen dem 3. und 4. Lebensmonat einfinden. Die fünfte Vorsorgeuntersuchung folgt dann zwischen dem 6. und 7. und die sechste zwischen dem 10. und 12. Monat. Die nächsten drei Gesundheits-Checks kommen dann jeweils am Ende des zweiten, vierten und fünften Lebensjahres. In all diesen U's wird festgestellt, ob sich das Kind richtig entwickelt oder ob es von den Eltern unbemerkte Krankheiten hat. Die U 1 fand, wie gesagt, im Krankenhaus statt. Eine Ärztin untersuchte, ob Henri ausgereift war oder irgendwelche Fehlbildungen hatte. Außerdem bekam der kleine Kerl im Rahmen dieser U 1 schon wenige Stunden nach seiner Geburt die ersten Zensuren. Der vielgeschmähte Leistungsdruck beginnt also nicht im Kindergarten, sondern schon im Kreißsaal. Die Doktorin nahm nämlich eine »Vitalitätsprüfung« vor, die nach dem sogenannten Apgar-Schema (benannt nach einer amerikanischen Medizinerin) durchgeführt wird. Geprüft wird Hautfarbe des Kindes, seine Atemfrequenz, die Muskelspannung, sein Herzschlag und seine Reflexe. Für jeden Untersuchungsteil gibt es dann keinen, einen oder zwei Punkte. Das Ganze wird dann zweimal wiederholt, um festzustellen, wie schnell das Baby sich beispielsweise von den Anstrengungen der Geburt erholt. Die Summe aller Punkte (Zehn ist das beste) ergibt dann die Apgar-Zahl.

Wir haben beide vergessen, welche »Zensur« Henri hatte. Aber wir wissen, daß man sich keine Sorgen zu machen braucht, wenn man nicht sofort ein Zehner-Kind vorweisen kann. Wie die Apgar-Note zu beurteilen ist, hängt nämlich sehr stark von den Begleitumständen der Geburt und der Reife des Kindes ab.

Jetzt, acht Tage später, war also die U 2 fällig. Wir besorgen uns einen Termin bei einem Kinderarzt in der Nähe und saßen schließlich – ganz stolze Familie – zu dritt im Wartezimmer und genossen die gütig-wohlwollenden Blicke der anwesenden Eltern älterer Kinder. Dann waren wir dran. Henri wurde nackt unter eine Wärmelampe gelegt und von dem (für meinen Geschmack eine Terz zu naßforschem) Arzt erst einmal gründlich abgehört. Sein Herzschlag war okay. Ein Test seiner Reflexe (Greifen, Fußbewegungen etc.) folgte, den Henri mit gelangweiltem Gesichtsausdruck und etwas lustlos hinter sich brachte, und schließlich wurde die richtige Funktion seiner Hüftgelenke überprüft. Das Hin- und Herbiegen seiner Beine verschlechterte Henris Laune allerdings merklich. Das Ergebnis war mehr als zufriedenstellend: der Knabe war topfit. Na, bitte!

Zwölf Tage nach der Geburt wurden wir auf eine Party nach Hamburg eingeladen. Wir beschlossen, hinzugehen und Henri mitzunehmen. Es klappte wider Erwarten spitzenmäßig. Egal, wie laut geredet wurde: Solange Henri irgendwo auf einem Arm war, fühlte er sich wohl und hörte sich geduldig die »Süüüüüß-Anfälle« der verschiedenen Gäste an. Wo geraucht wurde, verzogen wir uns natürlich schnell wieder. Ansonsten war es in den ersten Monaten kein Problem. Henri überallhin mitzunehmen. Heute ist auch das Stillen in der Öffentlichkeit kein Thema mehr. Unsere Mütter mußten die Kleinen ja aus »moralischen Gründen« noch in aller Heimlichkeit an die Brust legen.

Dank der Muttermilchpumpe konnten wir ab und zu sogar ohne Henri weggehen und ihn für eine Zeit den frischgebackenen Omis und Opis überlassen. Daß wir uns bei unserem ersten Kinobesuch nach der Geburt allerdings ausgerechnet »Das Schweigen der Lämmer« ansahen, verstehe ich bis heute nicht. Wie fast alle jungen Eltern waren wir zu dieser Zeit nämlich eigentlich eher in der Stimmung für »Bambi«, und da wirkten Geschichten von Serienmördern und Menschenfressern doch etwas befremdlich.

»Witzig, spießig, stolz?«
Die Geburtsanzeige

Huhu, da bin ich. Ich heiße Peter. Mama und Papa freuen sich ganz doll.« Solche Geburtsanzeigen finde ich zum Brechen. Die Zeitungen sind voll davon. Da ist die Rede von »neuen Erdenbürgern«, »kleinen Brüderchen«, »Schwesterleins«, »Butzibären«, »Stammhaltern« und ähnlichen sprachlichen Katastrophen. Nein, wir wollten es ein wenig pfiffiger. Wie bei der Wahl des Namens: lustig, aber nicht albern. Intelligent, aber nicht dünkelhaft. Farbig, aber nicht bunt. Ironiegetränkt, aber nicht zynisch.

Das war allerdings leicht gesagt. Als Henri dann da war und wir zur Formulierung des Textes und zum graphischen Konzept schreiten mußten, standen wir dumm da. Es ist nämlich sauschwer, eine vernünftige Geburtsanzeige zu gestalten. Und wenn man einen guten Gedanken hat, dann hat ihn meist jemand aus dem Freundes- oder Bekanntenkreis schon vorher gedacht und umgesetzt. Mein Freund Michael und seine Frau Carina zum Beispiel hatten das Problem wirklich gut gelöst. Sie begannen die Anzeige für ihren Felix etwas spießig und drifteten dann immer mehr in den Wahnsinn ab. Der Text lautete folgendermaßen:

Das glückliche Paar Eltern, Carina und Michael, geben

die Geburt ihres zweiten Kindes bekannt. Ein Junge. »Es geschah so schnell.« (Michael). »Naja«. (Carina). »Unser kleiner Kerl« (Michael). »Unser süßer Spatz« (Carina). »Unser Zuckerbärchen« (Michael). »Unser Mausezähnchen« (Carina). »Unser Honigöhrchen« (Michael). »Unser Magenlöckchen« (Carina). »Unser Stubenbaccardi« (Michael). »Unser Tapetenrisotto« (Carina). »Unser Ökoschimanski« (Michael). »Unser Krötenlawamat« (Carina) usw.

Diese Anzeige gefiel mir. Das Konzept, die Kosenamen zu veralbern, fiel damit allerdings aus.

Mein Freund Versi verschrieb sich bei der Geburtsanzeige seines Kindes mehr dem rabenschwarzen Humor. Er schickte mir zwar erst eine Karte, als sein Knabe schon ein halbes Jahr alt war, dafür hatte die es in sich. Es war nämlich ein Foto seines Jungen in einem gestreiften Schlafanzug mit einem Schild in den Händen, auf dem mit dickem schwarzen Filzstift stand: »Gefangener der RAF«.

Ich schlug Gesa schließlich vor, eine entsetzlich spießige Karte zu verschicken, sozusagen als ironisches Zitat. »Wir nehmen so eine fiese Karte mit Blumen und einem Klapperstorch«, fabulierte ich. »Und dazu schreibe ich einen extrem abstoßenden Text mit allen Klischees.« Gesa lehnte ab. Die Gefahr, daß das Ganze als ernst gemeint verstanden werden könnte, war ihr zu groß. Immerhin hatten wir selber einige solcher Karten bekommen – und die waren ernst gemeint.

Aber ich war groß in Fahrt. »Dann laß uns doch ein Foto machen, wie wir mit zerrissenen Kleidern ohnmächtig auf dem Boden liegen. Dazu stellen wir das Plakat von

›Die Wiege des Schreckens‹ und daneben dann das Geburtsdatum.« Ich weiß nicht mehr genau, womit Gesa nach mir geworfen hat. Ich glaube, es war eine volle Windel.

Wir begannen, von neuem nachzudenken. Ich versprach, mich jetzt humortechnisch zusammenzureißen. »Unsere Hochzeitsanzeige war doch ganz lustig« meinte Gesa. »Vielleicht sollten wir daran anknüpfen.« Sie zeigte auf der Vorderseite zwei Bilder. Eins von mir mit dünnen, langen Haaren und abartigem Schnauzer. Darunter stand »Heiraten finde ich bürgerlich. (Kester Schlenz, 1979)«. Daneben war Gesa als babyspeckiger Teenie zu sehen mit dem Zitat »Ich heirate nie. (Gesa Steinrück, 1983)«. Auf der Rückseite der Karte stand dann: »Tja, ähem, also ...., wir heiraten am ...«

Sowas könnte man natürlich auch prima auf das Kinderkriegen ummünzen, aber genau das war der Haken. Es wäre letztendlich ein lauer Aufguß unseres eigenen Gags gewesen.

Dann hatte ich wieder eine Spitzenidee (fand ich zumindest). In alten Wälzern suchte ich geburtsmedizinische Beschreibungen des vergangenen Jahrhunderts und dazugehörige Zeichnungen heraus und bastelte daraus einen Prototyp für unsere Anzeige. Ein Kupferstich zeigte einen Frauenarzt, der wegen der damals herrschenden Schamgrenzen eine Frau entband, ohne etwas zu sehen, weil die Patientin unter einer Decke verborgen war. Dazu wollte ich einen Text stellen, in dem wir bekanntgaben, daß wir in einem »zwar sehr konservativen, aber recht ordentlichen Hospiz unter der Leitung eines diskreten Famulus einen stattlichen Erben entbunden hätten«. Gesa fand die Idee allerdings einen Tick zu geschmacklos. Schade eigentlich.

Schließlich entschieden wir uns für eine nette und sehr schlichte Lösung ohne viel Drumherum. Wir ließen eines der Fotos von Henri vervielfältigen und verschickten es als Postkarte, versehen mit der schlichten Formulierung »Henri 3.2.91, Gesa Steinrück, Kester Schlenz«. Letztendlich war ich mit unserer Wahl ganz zufrieden. Das Foto war klassisch. Es zeigte Henri nackt auf einem Lammfell, und der Text stand in scharfem und reizvollem Gegensatz zu meiner sonst so überbordenden Redefreude, die Gesa besonders nach Feiern gern mit der Bemerkung »Heute hattest du ja wieder mal Sabbelwasser getrunken« zu kommentieren pflegt.

Beim nächsten Kind werde ich in Sachen Geburtsanzeige allerdings gnadenlos zuschlagen. Mir schwebt da eine Fotomontage vor. Henri steht über einer Wiege mit einem Spielzeughammer in der erhobenen Hand und blickt tückisch auf den neuen Konkurrenten herab. Wir stürmen aus dem Hintergrund herbei und greifen entsetzt nach dem Schlagwerkzeug. Unter dem Fotos steht der Text. »Henri freut sich sehr über sein kleines Brüderchen.« Aber ich fürchte, daß ich dieses Konzept wieder nicht durchkriege.

»Das Horror-Hospital«

Ein Ausflug in die Kinderklinik

Eine äußerst aufregende Episode aus den ersten Wochen zu Hause habe ich bisher ausgespart. Sie verdient eine gesonderte Schilderung, weil sie an Absurdität kaum zu überbieten ist. Es fing alles mit einer Bemerkung von Silke an. Es war Henris fünfter Tag auf der Welt. »Ich weiß nicht, vielleicht irre ich mich, aber ich finde, der Kleine sieht heute ein wenig schlapp aus, und auch die Hautfarbe gefällt mir nicht«, sagte sie und runzelte besorgt die Stirn. Bei uns schrillten sofort alle Alarmglocken. Schlapp? Hautfarbe schlecht? Sollte unser Gwil krank sein? »Nun, ich weiß nicht«, wand sich Silke. »Aber es könnte vielleicht die Neugeborenen-Gelbsucht sein. Das kommt häufig vor«, schickte sie schnell hinterher. »Und schlimm ist es auch nicht, aber es muß behandelt werden.« Wir waren entsetzt. Unser Sohn krank? Mit so was hatten wir so früh noch nicht gerechnet. Auf der Stelle änderte sich unser Blick für Henri, und wir fanden jetzt auch, daß er richtig elend aussah. Was also machen? Normalerweise wären wir sofort zum nächsten Kinderarzt gefahren und hätten dort einen Bluttest vorgenommen, der in wenigen Minuten gezeigt hätte, ob Henri den Gilb hatte. Aber es war Sonnabend. Natürlich. Rasende Zahnschmerzen, Fremdkörper im Auge,

Verrenkungen der Muskulatur und nun auch Verdacht auf Kindergelbsucht treten bei mir und jetzt wohl auch bei meinen Nachkommen immer nur an Sams- und Sonntagen auf, damit wir schön lange in fiesen Wartezimmern auf mißgelauntes medizinisches Personal warten dürfen.

Silke meinte, sie würde sich besser fühlen, wenn wir schnell in Kinderklinik führen. »Da gibt's eine Ambulanz, da machen wir den Test und wissen in zwanzig Minuten Bescheid.« Also packten wir den Kleinen warm ein, setzten uns in den Wagen und krochen durch dichtes Schneetreiben in die Stadt. Als wir nach einer Stunde endlich vor der Klinik parkten und auf den Eingang zuschlidderten, begann eine vierstündige Odyssee des Grauens.

Schon beim Betreten der Ambulanz hörte ich die schrille Stimme einer besorgten Mutter: »Meine Tochter hat überall so komische Ausschläge, und da kommen auch so Sachen raus ...« »Dann mal gleich mit ihr in ein Extrazimmer, wer weiß, ob das ansteckend ist«, bellte die Schwester. Ich bedeckte sofort Henris Gesicht, als das infektiöse Trio an uns vorüberrauschte. Beim Vorbeigehen warf die Schwester uns einen mißbilligenden Blick zu. Das schien ihre übliche Form der Begrüßung zu sein. Wir setzen uns neben entnervte Mütter mit schniefenden und leise schluchzenden Kindern und warteten. Silke schwieg, als ob ihr das alles unheimlich leid täte. Gesa hielt Henri auf dem Arm und sah aus, als ob sie gleich umkippen würde, und ich ging tapfer an die »Rezeption« und gab unsere Personalien an. Es würde wohl etwas dauern, hieß es. Wir warteten. Nach einer halben Stunde wurde der Kleine unruhig und Gesa sah ziemlich blaß aus. Ich erklärte der Schwester, daß meine Frau erst kürzlich entbunden hatte, und ob sie sich mit dem Kleinen nicht irgendwo hinlegen könnte. Daraufhin wies uns die Schwester einen Raum mit einem Bett an, der lediglich durch einen Vorhang von einem Gang getrennt war. Es zog wie Hechtsuppe, und unsere Laune wurde immer schlechter. Hinter dem Vorhang hörte man hektisches Treiben und bizarre Gesprächsfetzen. Die Mutter mit dem rotgepunkteten Kind erklärte erneut, daß die Pusteln praktisch überall seien. Ein Mann rief nach einer Brechschale. Eine Schwester versuchte, einer Mutter zu erklären, daß sie besser nicht über Nacht bei ihrem Kind bliebe, usw. Gesa schreckte hoch. »Wenn Henri heute Nacht hierbleiben muß, bleibe ich auch. Und wenn ich mich ans Bett kette.« Silke und ich beruhigten sie. Wenn es soweit käme, würden wir das schon hinbiegen. Wir warteten weiter. Nach einer Stunde riß mir der Geduldsfaden. Ich sah Gesa und Silke, die frierend und mit fahlen Gesichtern auf Henri starrten, der still und verloren auf dem großen Krankenbett lag, und bekam einen Adrenalinstoß erster Güteklasse. Entschlossenen Schrittes ging ich auf die nächst erreichbare medizinische Kraft zu und sagte lauter als nötig: »Schwester: Dort in dieser zugigen Scheißecke frieren mein fünf Tage altes, vielleicht krankes Kind und meine Frau. Wir warten jetzt fast zwei Stunden. Wenn nicht in fünf Minuten etwas passiert, brülle ich hier den ganzen Gang zusammen«. Die Frau sah mich mit seltsam unbeteiligtem Blick an, drehte sich wortlos um und verschwand. Nach einer Minute kam ein junger Krankenpfleger und bat uns freundlich, ihm doch jetzt in das Untersuchungszimmer eins zu folgen. Dort warteten wir weiter. »Es tut mir so leid«, sagte Silke, »aber ich dachte, zur Sicherheit ...« Wir beruhigten sie. Auf sie waren wir nun wirklich nicht sauer. Dann endlich kam eine junge Ärztin. Silke erklärte ihr fachmännisch, daß es hier nur um einen kleinen Test in Sachen Gelbsucht ginge. Doch die Ärztin fing erst einmal an, den auf ihre Anordnung entkleideten Henri ausführlich zu untersuchen. Reflexe, Atmung, ein Blick in den Hals, Herzschlag etc. »Na, da ist ja eigentlich alles in Ordnung«, resümierte sie. »Aber ein bißchen schlapp ist er ja schon«, ergänzte sie noch. »Dann wollen wir dem kleinen Kerl mal Blut abnehmen.« Dann verschwand sie, und wir warteten wieder. Schließlich, nach einer Viertelstunde, kam der junge Pfleger wieder herein und bat uns alle ins Nebenzimmer. Dort sei alles zum Blutabnehmen bereit. Wir zogen um und legten den immer mißmutiger dreinschauenden Henri auf einen Tisch. Dann sagte der Pfleger den furchtbaren Satz: »Ich werde ihm jetzt Blut aus dem Kopf abnehmen.« Ich erstarrte. Gesa legte sofort ihren Arm um Henri und guckte ungläubig. »Aus dem Kopf?« wiederholte ich fragend. Genausogut hätte er mich fragen können, ob er mir eine Spritze in den Augapfel geben könne, so absurd empfand ich das Ansinnen, meinem fünf Tage alten Jungen in den Kopf zu stechen. Aber Silke beruhigte mich und erklärte uns gemeinsam mit dem Pfleger, daß man das bei Säuglingen immer mache, wenn man eine größere Menge Blut brauche, und daß es den Kleinen weniger weh täte, als wenn man ihnen an den kleinen Armen oder Füßen herumpiekse. Der Ausdruck »größere Menge« brachte mich zwar schon wieder fast um den Verstand, aber schließlich willigten wir ein, hielten Henri fest und ließen ihn piksen. Der Labor-Vampir verschwand mit dem vollen Röhrchen, und wir trippelten zurück ins Zimmer Nummer eins und begannen erneut zu warten. Auf das Ergebnis und die Ärztin. Die kam dann nach einer halben Stunde wieder herein. Mit einem Kollegen, der »sich das Kind auch noch mal anschauen« solle. Ich fragte nach dem Gelbsucht-Test. Da sei alles okay, sagte sie. Keine Gelbsucht. Wir waren erleichtert. Silke verabschiedete sich, weil sie noch einen Termin hatte, und wir richteten uns auch schon auf eine baldige Nachhausefahrt ein. Aber der makabre Höhepunkt unseres Besuches im Horror-Hospital stand uns erst noch bevor. Jetzt begann nämlich der hinzugekommene Arzt – auch ein junger

Spund – Henri noch mal auszuziehen und umständlich zu untersuchen. Reflexe, Atmung, Herzschlag. Henri wurde gnatzig und schrie. Gesa staunte nur noch, und ich überlegte, ob ich den Herrn Doktor jetzt vielleicht niederschlagen oder besser mit meiner Familie die Flucht ergreifen sollte. Stattdessen riß ich mich zusammen und wies in eindeutig mißbilligendem Ton darauf hin, daß unser Sohn gerade eben auf diese Weise untersucht worden sei und ich die Notwendigkeit, an ihm erneut herumzudrücken und -zugrapschen nicht mehr ganz einsähe. Hui, da war Doc Holiday aber pikiert. Er wisse schon, was er tue, müsse sich selber ein Bild machen. Dann passierte es. Der Arzt schwieg plötzlich. Blickte Henri an. Sah mit zusammengekniffenen Augen zu mir herüber, dann zu Gesa, wieder zu Henri, schüttelte den

Kopf, blickte seine Kollegin an und sagte dann eher beiläufig: »Er hat ja auch einen ziemlich dicken Kopf.« »Was?« fragte ich. »Na ja«, fuhr der Mediziner fort. »Wenn ich Sie beide so ansehe: Sie haben ja eher kleine, schmale Köpfe. Ihr Kind aber hat einen gedrungenen, eher dicken Kopf.« »Ja, und?« fragte ich, ahnend, daß es jetzt langsam kriminell zu werden begann in diesem Haus des Schreckens. »Ja, also«, phantasierte der Quacksalber weiter. »Es gibt da bei Neugeborenen eine seltene Anomalie, eine Deformation des Schädels. Das muß nicht so sein, aber ich finde schon, wenn ich mir seinen Kopf und Ihren so ansehe, dann könnte ... aber ich denke, ich hole mal besser den Oberarzt.« Gesa mußte sich sofort setzen. Ich spürte, wie ich bleich wurde. Seltene Anomalie. Deformierter Schädel. Das durfte doch nicht wahr sein. Aber Dr. Frankenstein und seine Kollegin waren schon entschwunden, bevor wir Genaueres erfahren konnten. Da saßen wir nun auf dem Bett im Untersuchungszimmer eins und hatten Angst. Gesa war den Tränen nahe. Ich war sauwütend über diese dahingeschwafelten Sätze des Arztes, mit denen kein Mensch etwas anfangen konnte. Wie konnte dieser Idiot Henris Kopf als deformiert bezeichnen? Sah er denn nicht, daß alle Babys so aussehen? Aber schließlich, dachte ich wiederum, ist er ja der Spezialist und sieht eben Dinge, die uns verborgen bleiben. Die Minuten krochen nur so dahin. Da waren wir nun für einen kleinen Bluttest, der auch noch zufriedenstellend verlaufen war, in diese Klinik gefahren, um uns nun mit einer möglicherweise schweren Krankheit unseres frischgeborenen Kindes auseinanderzusetzen. Einfach furchtbar. Mittlerweile waren wir fast vier Stunden da. Henris schlechte Laune war mehr als verständlich, so oft, wie man an ihm herum-gefummelt und ihn gepiekst hatte. Zwischendurch kam der Pfleger herein und informierte uns, daß das Labor Henris Blut auch noch auf eine ganze Reihe anderer Punkte hin durchchecken wollte, und wir wohl noch einige Zeit warten müßten. Wir nahmen das nur noch mit resigniertem Kopfnicken auf. Ich versprach Gesa, auf jeden Fall dafür zu sorgen, daß sie die Nacht über bei Henri bleiben könne – und wenn ich jemanden beste-chen oder mit Äther betäuben müßte.

Dann ging plötzlich die Tür auf. Die beiden Ärzte, die Henri zuvor untersucht hatten, stürmten ins Zimmer, stellten sich links und rechts auf, und ein älterer Herr im weißen Kittel wehte herein. Er nickte ständig lächelnd mit dem Kopf, obwohl noch gar keiner etwas gesagt hatte. Dazu kniff er die Augen zusammen, als ob er all diese Nichtwissenden nur mit größter Überwindung an-schauen könne. »Das ist Oberarzt Dr. Soundso«, sagte die junge Ärztin geflissentlich, und ihr Kollege begann so-fort, unseren Sohn vorzustellen (»Patient ist fünf Tage alt, wirkt etwas apathisch, die Laborwerte sind ...«). »Ja, ja«, sagte der Oberarzt abwinkend, »ich sehe ja selbst«. Dann beugte er sich über Henri, sah ihm kurz ins Gesicht, faßte ihn einmal an und sagte dann: »Das Kind ist doch kerngesund.« Ich begann ihn auf der Stelle zu lieben. Aber jetzt war meine Chance da, dem übereifrigen Deforma-tionshysteriker die Leviten lesen zu lassen. »Aber Ihr Kol-lege hier«, sagte ich und deutete auf den in zackiger Hal-tung verharrenden Jungdoktor. »Also, Ihr Kollege hat eben gesagt, sein Kopf sei zu dick, und es gäbe da so seltene abnorme Deformationen ...« Der Oberarzt stutzte kurz, ließ Henri los, kam mit wohlwollend erhobenen Armen auf mich zu und sagte: »Wissen Sie, einige unserer jungen Kollegen schießen mit ihren Diagnosen manchmal etwas übers Ziel hinaus.« Es folgte ein extrem kurzer Seitenblick mit zusammengekniffenen Augen in Richtung des Nachwuchsmediziners. Dann sagte er: »Machen Sie sich mal keine Sorgen. Der Schädel dieses Kindes ist so normal wie meiner«. Da hätte ich ihm zwar am allerliebsten widersprochen, denn er hatte eine groteske Birne. Aber seine Worte waren der reinste Balsam für uns. Gesa nahm Henri glücklich lächelnd auf den Arm und – schwupp – war der Herr Oberarzt auch schon verschwunden. Die anderen beiden Ärzte dackelten schweigend hinterher. Wir packten unsere Siebensachen und fuhren umgehend nach Hause. Erst als wir dann mit Henri wieder in unserem Wohnzimmer saßen, wurde uns so richtig klar, was wir da Seltsames erlebt hatten. Vor ein paar Stunden dachten wir noch, Henri wäre ernstlich krank, und jetzt saugte er schon wieder munter schmatzend an Gesas Busen herum. Der brüskierte junge Arzt tat mir nicht leid. In Gegenwart der Eltern eines fünf Tage alten Kindes von eventuellen Schädeldeformationen und ähnlichem zu faseln, zeugte von einer so elementaren sozialen Inkompetenz, daß hier wohl eine kleine Kopfwäsche dringend vonnöten war.

»Die Magie des Schmusens«

Körperkontakt und erste Fortschritte

Er ist ja süß, aber doch noch ein bißchen langweilig, oder?« fragte mein Freund Jan, als er uns etwa vier Wochen nach der Geburt besuchte. Das war typisch für einen kinderlosen Mann, wenn auch nicht unverständlich. »Langweilig aber nur für einen Klotzkopf wie dich«, sagte ich in gespielter Empörung und hielt Jan einen minutenlangen Vortrag über Henris außergewöhnliche Fähigkeiten. Ich erzählte, wie sich seine kleinen, blauen Augen bewegen, wie er seine Mini-Händchen auf- und zumacht, wie er versucht, seinen schweren Kopf zu heben und fasziniert auf sein Mobile über der Wiege starrt. Jan blickte mich verständnislos an. Denn natürlich hatte er genau das gemeint. Solche »Kleinigkeiten« fand er eben ziemlich langweilig. Und mir war es ja früher auch so gegangen. Wenn man dann aber sein eigenes Kind beobachtet, ist jeder minimale Fortschritt, jeder Pups, ein Ereignis. Ich konnte mich nicht satt sehen an dem kleinen Zwerg. Vor allem mußte ich ihn dauernd anfassen und abknutschen. Besonders gefiel mir sein Geruch. Beschreiben kann ich ihn nicht, aber ich versichere Ihnen, etwas Besseres als den Geruch Ihres eigenen Babys hatten Sie noch nie in der Nase. Ständig schnüffelte ich an

125

Henri herum, und ihm schien's zu gefallen. Psychologen betonen immer wieder, wie wichtig der Körperkontakt zwischen den Eltern und dem Kind ist, und ich hatte keine Schwierigkeiten, mich den Schmuse-Vorschriften zu beugen. Manchmal schliefen wir zusammen auf dem Sofa: Ich auf dem Rücken, Henri auf meinem Bauch. Wenn er dann da so leicht vor sich hingrummelnd lag, war ich einfach nur noch total zufrieden. Diese Momente versöhnten mich auch immer wieder mit den manchmal wirklich nervenaufreibenden Schreiattacken meines Sohnes, die von Zeit zu Zeit so klangen, als ob jemand neben meinem Ohr eine Kreißsäge anschmiß.

Unser erstes gemeinsames Bad in der Wanne war natürlich ein Ereignis. Ich hatte den Kleinen auf meinem Schoß sitzen, und Gesa freute sich über ihre beiden nackten Männer. Dann semmelte Henri einen satten Haufen ins lauwarme Badewasser, der sich in Windeseile in der Wanne verteilte. Das tat unserer guten Stimmung aber keinen Abbruch.

Wir badeten ihn allerdings höchstens einmal in der Woche, und dann auch nur in reinem Wasser. Seife oder irgendwelche Badezusätze kommen bis heute kaum an seine Haut – allerhöchstens mal ein bißchen Babyshampoo, wenn der Brei allzu dick in seinen Haaren klebt. Jetzt denken Sie vielleicht, der kleine Henri sei ein Stinker. Nichts da. Sein Duft war und ist bezaubernd. Manchmal roch er vielleicht ein ganz klein bißchen muffelig, aber das störte uns nicht. Aber im Ernst: Die heute immer noch praktizierte Angewohnheit, Neugeborene jeden Tag zu baden und sie mit Seife und Shampoos zu säubern, zerstört den natürlichen Säureschutzmantel der Haut. Talg wird aus der Haut gewaschen, aber genau dieser nützliche Talg schützt das Kind vor Abkühlung, Infektionen und übergroßer Empfindlichkeit gegen äußere Reize. Da nützen auch irgendwelche teuren Öle nichts, die man den Kindern nach dem Bad in die Haut massiert. Die verstopfen höchstens die Poren. Die Bade-Unsitte wird gegen alle Vernunft übrigens besonders exzessiv in Krankenhäusern betrieben.

Keinesfalls vergessen darf man allerdings die tägliche Reinigung des Unterkörpers (allerdings möglichst auch ohne Seife). Die Ausscheidungsprodukte des Kindes sind nämlich aggressive Feinde der Haut. Ich war selber baff,

wie schnell sich ein Kind in einer vollen Windel wund-
liegt. Als ich das erste Mal Henris knallroten Hintern mit
einigen blutenden Stellen sah, und er beim Saubermach-
chen wie verrückt schrie, da hatte ich ein furchtbar
schlechtes Gewissen, daß ich nicht noch früher an ihm
gerochen hatte, um festzustellen, ob ein »Boxenstop mit
Windelwechsel« nötig war.

Nach sechs Wochen machte Henri mir ein großes Geschenk: Er lächelte mich das erste Mal an. Ich war ganz
aus dem Häuschen. Dieses zahnlose Grinsen überwäl-
tigte mich völlig. Es war Henris erste deutliche Reaktion
auf mich, und ich interpretierte sie als »Hallo, Papa, ich
mag dich.« Schon kurz danach reagierte er immer öfter
mit einem Lächeln, wenn Gesa oder ich uns über ihn
beugten, mit ihm sprachen oder irgendwelche bunten
Gegenstände vor seinen Augen bewegten. Wir wurden
süchtig nach diesem schiefen Grinsen. Irgendwann fing
er dann auch an zu glucksen und zu lachen, wenn man
ihn kitzelte, und das Wickeln wurde nach und nach zu einer humoristisch hochwertigen Angelegenheit. Ab einer
bestimmten Kitzelstufe präsentierte er ein ganz besonders dreckiges Lachen, das wir aber nicht jedesmal
»schafften«. Da Kinder gewöhnlich erst ab dem fünften
Monat mit dem Fremdeln anfangen, schenkte Henri in
den ersten Monaten auch fast allen unseren Freunden
sein bezauberndes Lächeln. Neben seinen Großeltern
schätzte der Kleine besonders die Frauen. Bei unseren
Freundinnen Marion und Ruth kuschelt er bis heute am
liebsten. Nur vor großen, dunkelhaarigen Männern
hatte er anfangs etwas Angst. Vielleicht, weil sein Vater so
ein Schmalhans ist und er keine Riesen gewohnt war.

Selbst ausgesprochene Kinderhasser kapitulierten vor Henris Charme. Als mein Freund Mark ihn einmal eher widerwillig (»Hoffentlich beißt er nicht«) auf dem Arm hielt, grinste Henri ihn so lange und entwaffnend an, daß Mark ihm zu meinem größten Erstaunen plötzlich einen Kuß auf die dicke Wange gab. Ich hab's ja gesagt: Kleine Kinder haben etwas Magisches. Natürlich gibt es Menschen, die dagegen immun sind. Ich habe es selbst einmal auf einer langen S-Bahn-Fahrt erlebt: Henri bot einem gegenübersitzenden Mann sein ganzes Repertoire dar, lächelte ihn an, gluckste, griff nach ihm und sah ihn ständig flehentlich an. Der tumbe Patron starrte jedoch stumm aus dem Fenster und verzog keine Miene. Vielleicht hätte ich dem doofen Deppen kräftig gegens Schienbein treten müssen, um überhaupt irgendeine Reaktion zu erhalten.

Wie fast alle Kinder schlief Henri anfangs gegen Abend

nur sehr widerwillig ein. Zahlreichen Ratgebern folgend gewöhnten wir ihn an die immer gleiche Abfolge beim Zubettbringen: Wickeln, Zimmer verdunkeln, Schlafanzug an, Flasche, Schnuller und die Spieluhr an. Kinder lieben Rituale. Das gibt ihnen Geborgenheit und Orientierung. Trotzdem mußten wir im ersten Jahr immer ziemlich lange an seinem Bett sitzen bleiben, ehe er endlich eingeschlafen war. Stand man zu früh auf, grölte er sofort los. Selbst noch so lautloses Davonstehlen nützte nichts, Henris feine Sensoren registrierten alles.

Mit der Zeit entdeckte ich jedoch, daß Gesang half, ihn einzulullen. Da ich aber absolut keine Lust auf »Schlaf, Kindchen, schlaf«, hatte, saß ich dann an seinem Bett und grummelte Dylan-Songs, eine Ballade von Creedence Clearwater Revival (»Long As I Can See The Light«, falls das einer kennt – ist sehr kindergeeignet) und andere Rock-Titel vor mich hin. Wenn ich anfing zu brummeln, war er gleich ruhig. Hörte ich zu früh auf, ruckte sofort sein Kopf herum, und ein tadelnder Blick traf mich. Also sang ich weiter. Erst viel später merkte ich, daß Gesa sich unten im Wohnzimmer immer kaputtlachte. Leider habe ich es versäumt, Henri an ein ganz bestimmtes Lied zu gewöhnen, das ich jeden Abend sang. Das war mir zu langweilig. Freunde von uns behaupten aber, daß die Kinder »ihr Lied« sehr schnell lernen und es dann später mit Geborgenheit und Ruhe assoziieren. Vielleicht hätte ich »Bobby Brown« von Zappa nehmen sollen. Das schien er damals besonders zu mögen.

Jeden von Henris Entwicklungsschritten registrierten wir, wie gesagt, mit wachsender Begeisterung. Als er sich das erste Mal vom Bauch auf den Rücken drehte, war das wie ein kleines Wunder für uns. Für ihn wohl auch, denn er lachte sich über seine Leistung und den abrupten Wechsel der Perspektive förmlich scheckig.

Wie jedes Kind genoß es Henri, mit uns im Bett zu toben, nackt unter der Decke zu liegen und mit seinen Füßen kichernd gegen den »Monster«-Vater zu kämpfen. Wenn ich dann endlich mit meinem Mund an seinem dicken Bauch angelangt war und kräftig reinpustete, gab es regelmäßig eine heftige Lachsalve, manchmal sogar die »dreckige Lache«. Ich genoß diesen unbeschwerten Körperkontakt zu meinem Sohn. Wenn ich seinen warmen, weichen Körper spürte, wenn er sich nach einem kleinen Mißgeschick schluchzend an mich klammerte oder erschöpft auf meinem Arm einschlief, dann gab ich mich hemmungslos den sentimentalsten Glücksgefühlen hin. In solchen Momenten spürte ich eine innere Ruhe und Zufriedenheit, die ich vorher so oft vermißt hatte. Was machte es da schon, daß er ab und zu ins Bett pieselte. Überhaupt entwickelten Gesa und ich eine erstaunliche Duldungsfähigkeit, was Henris diverse Ausscheidungsprodukte betraf. Bis heute habe ich auf fast allen Jacken kleine Sabberflecken von meinem Sohn. Er urinierte mich diverse Male an, kotete sich, nackt auf meinem Schoß sitzend, förmlich in Rage und rieb seine triefende Nase genüßlich in meinen Lieblingshemden trocken. Und mir machte es nicht das Geringste aus! Auch meine Ekelschwelle sank. Früher fand ich es eklig, wenn Mütter und Väter ihren Kindern den Brei mit den Fingern vom Mund wischten und den Rest dann selber aßen. Ich mußte beim Anblick solch animalischen Fütterungsverhaltens regelmäßig würgen. Kaum aber aß Henri selber Brei, da machte ich's genauso, und merkte es anfangs gar nicht.

Grundsätzlich war es schon eigenartig, plötzlich so eine Selbstlosigkeit zu spüren. Ich merkte, daß Vater-Sein etwas mit totaler Hingabe zu tun hat. Ich entwickelte Kräfte, Beschützerinstinkte und eine »Leidensbereitschaft«, die ich vorher nicht im Ansatz gekannt hatte, die mir aber auch eine eigenartige Befriedigung verschaffte. Hier war jemand, für den ich ohne Abstriche total da sein konnte. Mein Lieblingsessen auf dem Teller? Kein Problem, Henri die gesamte Portion wegputzen zu lassen. Ich durchwachte Nächte, verzichtete auf alle möglichen abendlichen Aktivitäten, baute unsere Einrichtung mehrfach kindergerecht und aufs Unästhetischste um und hatte keinerlei Schwierigkeiten damit. Natürlich tat ich mir, genau wie Gesa, häufig heftig leid, wenn ich mal wieder keinen Schlaf bekam und zum dritten Mal in der Nacht aufstand, um dem schreienden Henri die Flasche zu geben. Und manchmal, wenn er nicht aufhören wollte zu grölen, dachte ich auch, daß ich es nicht schaffen würde, noch länger an seinem Bett zu sitzen oder ihn durch die Gegend zu tragen. Aber irgendwie ging es immer. Henri zahlte alles doppelt und dreifach zurück. Er entwickelte sich prächtig, wurde dick und kräftig und hatte nach einer blöden Phase immer sofort wieder Bombenlaune. Es klingt so kitschig, aber ich war voller Liebe zu dem kleinen Kerl. Ich merkte, daß er zum Mittelpunkt unseres Lebens geworden war. Er hat es total umgekrempelt, aber ich habe nicht eine Sekunde bereut, ihn gezeugt zu haben.

»Uns passiert so was nicht«
Kleine Unfälle und erste Krankheiten

Rums«, da lag Henri auf dem Boden. Er war aus über einem Meter Höhe von der Wickelkommode heruntergefallen. Da lag er nun etwas verdattert und guckte uns mit großen Augen an. Wir rissen ihn sofort hoch, untersuchten ihn hektisch, schrien uns an, gaben uns gegenseitig die Schuld, nicht aufgepaßt zu haben. Wir hatten gedacht, daß uns so was nie passieren würde. So eine kapitale Unaufmerksamkeit! Wir hatten von solchen Stürzen gehört. Absurd! Wie kann man sein Kind nur von der Wickelkommode fallen lassen? Aber es war passiert. Wir waren einen kurzen Moment abgelenkt, weil draußen ein Vogel gegen das Fenster flog. Henri drehte sich und – schwupp – lag er auf dem Boden. Gott sei Dank war ihm nichts passiert. Er lachte nur laut! Aber wir machten uns stundenlang Vorwürfe und schworen uns, daß so was nie wieder geschehen dürfe. Nie wieder. Es ist wieder passiert. Ein Jahr später habe ich vergessen, Henri in der Küche auf seinem Hochstuhl festzuschnallen. Er zappelte wie üblich beim Essen herum und stürzte, weil ihn die gewohnten Lederriemchen nicht hielten, aus dem Stuhl – direkt auf den gekachelten Küchenboden. Es gab ein dumpfes Geräusch. Ich wurde fast wahnsinnig. Aber Henris Schutzengel war erneut zur Stelle gewesen. Henri schrie zwar fürchterlich, hatte sich aber wieder nichts getan. Gesa hätte mich trotzdem fast erschlagen.

Richten Sie sich schon mal vor der Geburt Ihres Kindes darauf ein, daß Ihnen so was auch passiert. Ich kenne niemanden, der von solchen Unachtsamkeitsunfällen verschont geblieben ist. Mein Schwager Jochen zum Beispiel hat sein zwei Tage altes Kind in einer Tasche ins Auto tragen wollen. Die Tasche hatte zwei Henkel. Er erwischte beim Hochnehmen nur einen. Das Kind kullerte heraus und purzelte eine kleine Treppe hinunter. Auch das ist gut gegangen. Aber Sie können sich sicher vorstellen, was Jochen sich für Vorwürfe gemacht hat. Man kann also gar nicht vorsichtig genug sein. Wickelkommoden, Hochstühle und Treppen sind Bereiche, in denen man als Vater und Mutter die Eigenschaften von Secret-Service-Mitarbeitern entwickeln muß, die den amerikanischen Präsidenten durch eine Menschenmenge geleiten. Nur, daß der Attentäter in Ihrem Fall der unberechenbare und explosionsartig einsetzende Bewegungsdrang Ihres Kindes ist.

Mit sechs Monaten wurde der Kleine zum ersten Mal krank. Er bekam Fieber. Fast 39 Grad. »Einen Notarzt«, stammelte ich. »Wir brauchen sofort einen Notarzt.« Zum Glück hatte Gesa die einschlägige Fachliteratur etwas aufmerksamer gelesen. Sie machte Henri Wadenwickel, gab ihm viel zu trinken und beschloß, die Nacht abzuwarten. Am nächsten Morgen war die Temperatur schon merklich niedriger. Mich hatte es trotzdem arg mitgenommen. Wenn man sein Kind plötzlich apathisch daliegen sieht, mit glasigem Blick und furchtbar heiß am Kopf, dann geht einem das durch und durch. Aber ich beschloß, in Zukunft weniger panisch zu reagieren und las ein Buch über Kinderkrankheiten. Danach hatte ich selbstverständlich noch mehr Angst. Das geht mir immer so, wenn ich medizinische Fachliteratur lese.

Trotzdem gingen wir zum Arzt und ließen Henri durchchecken. Es war nichts, aber der Doktor fand es verständlich, daß wir gekommen waren. Besser einmal zuviel als einmal zuwenig. Ich würde jedem raten, bei unklarem Verhalten des Babys zum Kinderarzt zu gehen.

Henri wurde zum Glück selten krank. Ab und zu »Durchpfiff«, Blähungen und ein bißchen Schnupfen. Das war's dann auch. Bis die Sache mit den Ohren kam. Aus heiterem Himmel entwickelte sich aus einer »Schniefnase« plötzlich eine Mittelohrentzündung. Henri schrie nachts unaufhörlich und hatte starke Schmerzen. Er tat uns furchtbar leid. Lange dauerte die Entzündung nicht. Aber er bekam sie in regelmäßigen

Abständen wieder. Wenn die Sache chronisch wird, geht so eine Mittelohrentzündung schwer aufs Gehör und kann die Entwicklung des Kindes stark beeinträchtigen. Ein Ohrenarzt beruhigte uns zwar erst mal wieder. So schlimm sei es bei Henri noch nicht. Aber wir wußten, daß bei Leonard, dem fast gleichaltrigen Sohn von Freunden, schon zwei Operationen nötig waren, bei denen dem Kleinen irgendwelche Röhrchen in die Ohren eingesetzt werden mußten. Furchtbar: Röhrchen im Ohr! Das Motto für die Vorbereitung von Ausflügen nach draußen hieß fortan: »Nicht ohne seine Mütze«. Manchmal wollte Henri aber absolut keine tragen und riß sich selbst die buntesten Modelle wieder herunter. So mußte ich schließlich häufig auch eine Mütze aufsetzen. Denn wenn Papa so was auf dem Kopf hatte, dann wollte Henri das natürlich ebenfalls. Ich sah mit den kleinen Pudelmützchen auf dem Kopf ziemlich bescheuert aus. Als nächstes bekam Henri Hautprobleme: kleine Ekzeme, die juckten. Wir dachten natürlich sofort an die gefürchtete Neurodermitis. Die war es aber zum Glück nicht. Wenn es mal schlimmer wurde mit den Ekzemen, rieb sich Henri ständig mit dem Rücken am Stuhl, robbte sich scheuernd auf dem Boden herum oder kratzte sich blutig. Wir bekamen vom Kinderarzt verschiedene Cremes, die wir Henri einmassieren mußten. Das gefiel ihm, und so ist die regelmäßige Massage (auch ohne Creme) von Henris kleinem Rücken zur ständigen Einrichtung geworden, die mein Sohn mit genießerischem Grunzen goutiert. Und wehe ich höre zu früh auf: Dann pöbelt Herr Gwil umgehend los: »Mea, mea.«

»Der müßte aber schon laufen!«

Der Terror der Gehdeihkurven

Was? Der kann immer noch nicht sitzen?« Es war zum Kotzen. Kaum war Henri auf der Welt, da mußte er sich schon im »Entwicklungswettbewerb« mit den Kindern von Freunden und Bekannten messen und seine Fähigkeiten an sogenannten »Gedeihkurven« überprüfen lassen. Ein Teil der landläufigen Ratgeberliteratur tut nämlich so, als ob sich Kinder lehrbuchgemäß zu entwickeln hätten. Da heißt es dann zum Beispiel, daß die Kleinen mit vierzehn Monaten laufen können. Henri, der faule Sack, konnte mit elf Monaten gerade mal stehen. Laufen lernte er torkelnd und pöbelnd erst, als er schon sechzehn Monate war. Henri war und ist in jeder Beziehung ein Spätentwickler. Er läßt es eben cool angehen. Aber das muß man als Eltern erst mal akzeptieren und darf sich von den Beschreibungen, was »das Kind« in diesem und jenem Monat können sollte, nicht allzu verrückt machen lassen. Das heißt natürlich nicht, daß man seinen Nachwuchs nicht aufmerksam beobachten sollte. Es gibt zahlreiche Entwicklungsstörungen, wie z.B. Dysfunktionen der Augen oder des Hör- und Gleichgewichtssinns, die man sehr gut behandeln und heilen kann, wenn man sie früh genug entdeckt. Wer regelmäßig zu den Vorsorgeuntersuchungen geht, die individuelle Entwicklung seines Kindes aufmerksam beobachtet und den Arzt über Auffälligkeiten informiert, kann im allgemeinen davon ausgehen, daß schwere Entwicklungsstörungen rechtzeitig bemerkt werden. Die Betonung liegt hier jedoch auf dem Wort »individuell«. Man sollte jedem Kind zugestehen, das Tempo seiner Entwicklung selber zu bestimmen. Also bloß keine Panik, wenn Ihr Baby sich nicht exakt an die »Gedeihkurven« hält. Ich kenne zum Beispiel genug Kinder, die erst mit fast drei Jahren richtig zu sprechen anfingen, deshalb für »sprachgestört« gehalten wurden, sich dann aber explosionsartig zu regelrechten »Labersäcken« entwickelten. Trotzdem hätten diese Kinder natürlich einen Hördefekt haben können. Man muß als Vater und Mutter die richtige Position zwischen Gelassenheit und aufmerksamer Entwicklungskontrolle finden. Das ist nicht immer ganz leicht.

Uns verunsicherten nicht so sehr Bücher als vielmehr die rasanten Fortschritte anderer Kinder. Als Henri sechs Monate alt war, besuchten wir Freunde mit einem gleichaltrigen Mädchen. Die Kleine drehte sich behende vom Rücken auf den Bauch, dann wieder in die andre Position und machte schon erste Krabbelversuche. Henri dagegen schaffte es, mühsam ächzend, gerademal, sich mit hochrotem Kopf vom Rücken auf den Bauch zu drehen und blieb dann verdutzt über seinen Erfolg meist erst mal schwer atmend liegen. Es sollte nicht das letzte Mal sein, daß kleine Mädchen unserem Henri zeigten, wo's entwicklungstechnisch langgeht. Die kleine Cleo meiner Kollegin Petra ist ein halbes Jahr jünger als unser

Sohn. Cleo aber sprach schon mit Eineinhalb Zwei-wortsätze (»Mama, Brot«) und hatte einen recht beacht-lichen Wortschatz. Henri sagte vor allem sein Standard-wort »Audo« (Auto) und beschränkte sich ansonsten bei Aufforderungssätzen auf die gnatzend und mit ausge-strecktem Zeigefinger vorgetragene Formulierung »äääääääh«! Mädchen sind einfach in jeder Beziehung schneller. Das muß man aber wissen, sonst denkt man ernsthaft, der eigene Knabe sei zurückgeblieben.

Irgendwann akzeptierten wir jedoch, daß unser Junge eben seinen eigenen Entwicklungsrhythmus hatte und achteten vor allem darauf, daß er Fortschritte machte und nicht so sehr, wann er sie machte.

Sehr begeistert waren wir zum Beispiel von seiner Roll-phase im achten Monat. Weil er noch nicht krabbeln konnte, aber schon zu Expeditionen aufbrechen wollte, rollte Henri sich liegend und mit einem keck ausge-strecktem Arm zum gewünschten Ziel. Anfangs lag er oft ein paar Meter daneben. Aber nach einiger Zeit ging es verblüffend gut. Er fixierte einen Gegenstand in einer anderen Ecke des Zimmers, schien die Entfernung und die potentielle Kursabweichung zu berechnen, streckte den Arm hoch und rollte entschlossen los. Wenn wir Freunde zu Besuch hatten, waren die immer baff, wenn Henri gerade wie ein Kunstturner vorbeirollte. Mit der Zeit wurde er immer gelenkiger. Irgendwann schaffte er es, seinen großen Zeh in den Mund zu stecken, was ihm offensichtlich vorzüglich schmeckte, denn er war hellauf begeistert und erfreute uns bei fast jedem Wickeln mit seinem neuen Kunststück. Gesa nannte ihn in so einer Situation irgendwann mal den »großen Santini«, weil er wie ein Akrobat wirkte mit seinem halben Fuß im Mund. Seitdem haben wir die verschiedenen Kunststücke unseres Sohnes immer mit dem Ruf »Santiniiiii« begleitet, so daß er beim Rufen dieses Namens immer etwas präsentiert, was er gerade besonders gut kann.

Bald fing auch die Fremdelphase an. Unser Freund Tim, ein großer Henri-Fan, war ganz enttäuscht, als der Kleine sich eines Tages von ihm nicht mehr auf den Arm nehmen lassen wollte, sondern jammernd die Arme nach uns ausstreckte. Ab sofort mußte man eben um seine Aufmerksamkeit buhlen.

Am Ende des siebten Monats entschloß sich Henri dann auch, endlich sitzen zu können. Manchmal kippte er zwar noch grummelnd zu einer Seite weg und blieb dann gnatzend liegen, aber grundsätzlich hatte er begriffen, wie man es anstellt, einfach nur zufrieden dazusitzen und zum Beispiel Sand zu essen.

Das klingt jetzt vielleicht alles sehr banal, aber für mich war jeder seiner Entwicklungsschritte ein kleines Wunder. Es ist faszinierend, mitzuerleben, wie so ein Kind nach und nach alle möglichen Fähigkeiten entwickelt, langsam seinen Aktionsradius erweitert, die Welt um sich herum entdeckt und selbstverständlich sofort in seinem Sinne umzugestalten versucht.

Im zehnten Monat konnte Henri dann endlich krabbeln. Ganz plötzlich. Er war so begeistert von dieser ungeheuren Erleichterung seiner Expeditionen, daß er ein paarmal laut lachend zwischen Telefon und seiner Decke hin- und herkrabbelte. Außerdem – und das freute uns ganz

besonders – hatte er sich entschlossen, ab sofort bis sieben Uhr durchzuschlafen. Was für ein Geschenk! Nach über einem halben Jahr hatten wir wieder ganze Nächte. Schlafen in einem Stück! Bis zum frühen Morgen! Wow! (Meistens jedenfalls.)

Mit Beginn der Krabbelphase war aber auch der endgültige Umbau der Wohnung fällig. Denn weil er sich bald auch schnaufend auf seine Füße stellte, konnte Henri praktisch alles in einem Meter Höhe erreichen: Steckdosen, den Inhalt der untersten Regale, den Fernseher usw. Alles Gefährliche oder Zerbrechliche wurde also weggeschafft oder kindersicher gemacht. Die Wohnung veränderte sich auf diese Weise erheblich und ganz kindertypisch. Bis zu einem Meter Höhe herrschte Chaos. Darüber ging's wieder. Bis Henri sich Hocker heranzog.

Bald fing er auch an, erste Ansätze von Sprachverständnis zu zeigen. Er begann auf die Aufforderung »Mach mal 'backe, backe Kuchen'« in seine kleinen, dicken Hände

zu klatschen. Meine Schwiegermutter war hellauf begeistert von der Intelligenz des Kindes. Wir verschwiegen, daß wir es ihm händeklatschend ungefähr eine Million mal vorgemacht hatten. Jeder, der zu uns kam, mußte sich Henris außergewöhnliches Kunststück ansehen. »Mach mal ›backe, backe Kuchen‹«, schrie ich dann, hysterisch vor Begeisterung. Henri klatschte, und ich blickte beifallheischend in die Runde. Jeder gab sich angetan. »Ist ja doll« »Erstaunlich Sache, das«, meinten meine Pokerkumpels und kicherten heimlich. Damals habe ich ein wenig den Sinn für die Sichtweise Kinderloser verloren. Für die saß da ein kleines, dickes Baby und klatschte sabbernd seine schmierigen Patscher gegeneinander. Ich fand ja früher solche Zirkusnummern mit Kindern selber blöd. Aber man wird eben anders als Vater. Irgendwann kam der Sinn für die Realität zurück. Mir wurde klar, daß es eben nicht für jeden meiner Freunde ein kleines Wunder war, daß Henri »backe, backe Kuchen« machen konnte oder auf die Frage »Wie groß willst du werden!« die Arme nach oben riß. Ich ließ mir meine Begeisterung für diese Aktivitäten allerdings nicht nehmen.

Gesa auch nicht. Sie führte gewissenhaft ein Tagebuch, in dem sie Henris Entwicklung akribisch dokumentierte. Da standen dann solche spitzenmäßigen Sätze drin: »Heute abend hat Henri versucht, eine lebende, grüne Raupe zu essen. Als Kester sie ihm weggenommen hat, wurde er stinksauer!« Kann Literatur schöner sein?

Bald fing unser Sohn auch an, selber zu essen. Was dazu führte, daß anschließend auf ein bis zwei Quadratmetern die Küche flächendeckend eingesaut war. Henri natürlich auch. Aber das war uns egal. Seine Versuche, den Löffel mit Brei usw. in den Mund zu kriegen, sahen einfach klasse aus. Besser als die Tortenschlachten in den alten Dick-und-Doof-Filmen.

Unsere Freunde Willy und Nicola, selber Eltern von Ivo (3) und Ella-Nora (0,8), brachten Henri dann das Laufen bei. Stehen konnte er ja schon und ein paar Schritte am Arm laufen ebenfalls. Aber allein wollte er es noch nicht versuchen. Bis Willy schließlich auf die Idee kam, Henri einen Stock zu reichen, an dem er sich dann festhielt und vorsichtig lief. Irgendwann ließ Willy den Stock einfach los, und Henri trabte, den Stock krampfhaft in der Hand haltend, hinterher, von Nicola, Gesa und mir frenetisch angefeuert. Bis er dann plötzlich begriff, daß er ja ganz allein lief und dann auch folgerichtig sofort hinplumpste. Aber das Eis war gebrochen. Schon am Abend düste unser Sohn kichernd und kreischend durch den Garten. Was machte es da schon, daß er alle paar Meter vor lauter Begeisterung hinfiel? Er konnte laufen, endlich laufen. Und das ist für ein Kind bestimmt so, wie für einen 18jährigen, der den Führerschein bestanden hat und dann in seinen eigenen Wagen steigt.

Mit dem Sprechen haperte es jedoch weiterhin. Das heißt: nicht ganz! Er sprach fließend, jedoch kein Deutsch, sondern eine Phantasiesprache, die sich ungefähr so anhörte: »Nnglü, anga? Wasjarammbligü?« Intonation, Sprachrhythmus und Sprechpausen waren perfekt. Nur die Inhalte seines geheimnisvollen Dialektes blieben gänzlich im Dunkeln. Ständig sprach er auch von einem geheimnisvollen »de Goff«. Wer war dieser Mann? War Henri vielleicht ein wiedergeborener holländischer Graf namens Pieter oder Willem de Goff? »Mama« und »Papa« (in der Version »Babba«) waren seine ersten verständlichen Worte. Allerdings benutzte er sie wahllos und je nach Laune. Mal war ich Mama, dann war mein Freund Meck Papa usw. Zu seinem universellen Frage- und Aufforderungswort wurde ein kurzes, prägnantes »Di?«. Mit neunzehn Monaten hatte sich sein Wortschatz allerdings schon erheblich erweitert. »Düs« (»Tschüß«) wurde jedem zum Abschied zugerufen. »Nane« hieß Nase. »Jau« bezeichnete eine Katze. »Wou, wou« einen Hund. »Am, am« war die Aufforderung ihn auf den Arm zu nehmen. »Heiß« hieß tatsächlich heiß,

»Brutz« war die Brust und »Bau« war sein Bauch. An seinem zweiten Geburtstag war sein Wortschatz auf ca. 25 Worte angewachsen. Von Sätzen jedoch keine Spur. Zwei Worte aneinanderzureihen, das war einfach noch zuviel verlangt. Seinen Geheimdialekt perfektionierte er allerdings. Freunde mit Kindern bestätigten uns, daß das wirklich eine Besonderheit unseres Sohnes sei. Manchmal stand er vor einem, blickte empört hoch, fuchtelte mit den Armen herum und sabbelte in einem fort. Man konnte kein Wort verstehen, aber es klang einfach klasse: »Ralufs. Ronggli, ja, mea, nglü, de Goff?« »Ach so«, sagte ich dann immer, und bald sagte auch Henri nach jedem Satz »Ach, so.« Das »S« sprach er mit perfektem, englischen »Ti ätsch«. Vor allem seine Fähigkeit, uns nachzuahmen, wurde langsam regelrecht unheimlich. Regelmäßig ging er zum Telefon, nahm den Hörer ab, sagte »hallo« und brabbelte los. In seiner Geheimsprache zwar, aber mit all den typischen Telefon-Marotten, die man so drauf hat: kleinen Kunstpausen, Bestätigungen wie »mmh« oder »ja« und leicht gekünsteltem Lachen zwischen den Worten. Am Ende kam dann ein langgezogenes »Düüs«, und er knallte den Hörer auf die Gabel. Man konnte perfekt mit ihm telefonieren und sich dabei kaputtlachen. Ebenso beim gemeinsamen Durchblättern von Zeitschriften. Einmal saß er schweigend auf meinem Schoß, als ich den »Stern« durchblätterte. Erst als ein Bild von Erich Honecker auftauchte, reagierte Henri. Er zeigte auf den Ex-DDR-Chef und sagte: »Papa!«

»Manchmal flipp ich fast aus«
Aggressionen und Ängste

Ich kochte. Es war ein Uhr nachts. Henri schrie infernalisch. Er wollte nicht hochgenommen werden. Er wollte nicht liegenbleiben. Er wollte uns nicht im Zimmer haben, aber auch nicht, daß wir rausgingen. Er wollte seine Flasche, aber kaum hatte er sie, schmiß er sie wieder aus dem Bett und schrie noch lauter, mit hochrotem Gesicht. Sein Schreien war so grell, daß es in meinen Ohren zu knacken anfing. Ich spürte, daß ich dabei war, die Kontrolle zu verlieren. Heiße Wut stieg in mir auf. Ich entwickelte auf einmal wahnsinnige Aggressionen gegen meinen geliebten Sohn, und plötzlich schrie ich ihn in voller Lautstärke an: »Jetzt halt endlich das Maul oder es passiert was!« Henri hielt einen kurzen Moment erschrocken inne – und schrie dann noch lauter weiter. Schließlich kam Gesa dazu und schrie wiederum mich an, ob ich denn wahnsinnig sei, das Kind so anzuschreien.

Daraufhin schrie ich wieder Gesa an: »Bitte, dann mach du mal was, anstatt im Bett zu liegen und mich hier stehen zu lassen!« Es war furchtbar. Schließlich nahm Gesa den sich heftig wehrenden Henri hoch und trug ihn zu uns ins Bett. Erst da beruhigte er sich schluchzend wieder und war kurz darauf eingeschlafen. Er hatte wohl schlecht geträumt.

Ich war wieder einmal an meine Grenzen gestoßen, hatte mich nicht mehr richtig unter Kontrolle gehabt. Aggressionen, die sich gegen das Kind richten, sind ein dunkles Kapitel für alle Eltern. Es war mir schon ein paarmal passiert, daß ich Henri furchtbar anschrien und ihn sogar mal wütend aufs Bett geworfen oder ziemlich geschüttelt hatte, wenn er sich so in Rage geschrien hatte, daß ich mir nicht mehr anders zu helfen wußte. Gesa war es schon ähnlich ergangen. In diesen Momenten spürte ich, daß auch für aufgeklärte, fortschrittliche und zärtliche Eltern der Moment kommt, wo sie sich fragen müssen, ob sie womöglich in der Lage wären, ihr Kind zu schlagen. Nicht bewußt als Mittel der Erziehung, sondern aus einer namenlosen Wut, Hilflosigkeit und Erschöpfung heraus. Zum Glück hatten wir nie so total die Kontrolle verloren. Es wäre auch nicht entschuldbar gewesen. Aber ich gebe zu, daß ich in Ausnahmesituationen für Sekunden den Impuls verspürt habe, in irgendeiner Form körperliche Gewalt gegen mein eigenes Kind zu richten. Das entsetzte mich furchtbar. So ein Schwein bist du also, dachte ich, ein Typ, der beinahe seinen zweijährigen Sohn geschlagen hätte.

Ich weiß bis heute nicht richtig mit solchen Situationen umzugehen. Außer, daß ich mir nie verzeihen würde, wenn mir wirklich mal die Hand ausrutschen sollte. Ich denke jedoch, daß es wichtig ist, sich diese Aggressionen einzugestehen, sich irgendwie mit ihnen auseinanderzusetzen, damit sie einen nicht so total überwältigen. Auch Eltern sind schließlich nur Menschen und müssen sich bewußt machen, daß sie nicht nur positive Gefühle ihrem Kind gegenüber entwickeln. Als ich nach einiger Überwindung darüber mit befreundeten Eltern sprach, erfuhr ich zu meiner großen Erleichterung, daß viele ähnliche Erfahrungen gemacht hatten. Erfahrungen von Wut und Ohnmacht, die sie entsetzt und hilflos gemacht hatten. Bezeichnenderweise hatten alle jedoch noch nie etwas wirklich Schlimmes getan, sondern immer nur das Gefühl gehabt, gleich die Kontrolle zu verlieren. Der Familien- und Kinderpsychiater Martin Greenberg schreibt zu dieser Problematik in seinem Buch »Ein Vater wird geboren«: »In der Aufregung können wir zwischen wütenden Gefühlen und tatsächlich unbeherrschten, im Zorn begangenen Handlungen nicht mehr unterscheiden. Deswegen erschrecken wir uns so, daß wir uns vor uns selbst verstecken müssen. Aber wenn wir unsere Wut und unsere Furcht ans Tageslicht lassen, indem wir über sie sprechen, brechen wir ihnen die Spitze.«

Greenberg, der beschreibt, wie er selber seinen Sohn beinahe einmal geschlagen hätte, weil der ihn gebissen hatte, rät Eltern, sich vor allem nicht ständig gemeinsam solchen Streßsituationen auszusetzen, sondern sich bei der Betreuung schreiender oder tobender Kinder abzulösen. Wir haben damit gute Erfahrungen gemacht. Wenn einer für ein paar Minuten rausgeht, tief durchatmet und gestärkt wieder in die Arena steigt und sich dann der andere zurückziehen kann, ist die Chance, die ganze Angelegenheit ohne katastrophale Wutausbrüche zu überstehen, erheblich größer. Manchmal hat es – so absurd es klingen mag – allerdings auch geholfen, die Aggressionen gegeneinander zu richten. Statt das unschuldige

Kind anzuschreien, brüllten wir uns gegenseitig an, was meist völlig ungerechtfertigt und schwachsinnig erschien. Aber auf diese Weise konnten wir wenigstens etwas Dampf ablassen und das Aggressionspotential senken. Hinterher waren wir uns dann auch meist nicht lange böse. Das Kind wird durch diese Brüllorgien allerdings selten beruhigt.

Man kommt immer wieder in solche Wut-Situationen. Kinder kriegen ihre »fünf Minuten« besonders gerne, wenn man sie gerade am wenigsten brauchen kann. Nachts, nach einem anstrengenden Arbeitstag, wenn Gäste da sind oder man gerade 40 Fieber hat. Da heißt es nur: Nerven bewahren und sich sagen, daß sich das Kind ja schließlich nicht ewig als Ekel präsentieren wird.

Neben gelegentlichen Aggressionen war und ist für mich ein anderes Gefühl noch viel bedrückender, umfassender und problematischer: die Angst. Seit Henri da ist, haben Gesa und ich ständig Angst um ihn. Angst, daß ihm etwas passieren oder daß er schwer krank werden könnte. Gleich nach seiner Geburt begann es mit der Horrorvision des plötzlichen Kindstodes. Die Vorstellung, wir würden am Morgen unseren Henri tot im Bett finden, erschien uns als das Furchtbarste, das wir uns vorstellen konnten. Wir hatten gelesen, daß im ersten Lebensjahr theoretisch jedes Kind an dieser furchtbaren und bis heute noch nicht endgültig erforschten Krankheit sterben kann. Gut, Risikofaktoren wie starkes Rauchen, eine Frühgeburt, Elektrosmog und ähnliche Dinge, die man mit dem plötzlichen Kindstod in Verbindung bringt, trafen auf uns nicht zu. Dennoch wußten wir, daß auch das keine Garantie war. Auf jeden Fall vermieden wir, Henri in Bauchlage schlafen zu lassen, weil eine auffallend hohe Zahl der toten Kinder in dieser Position zu Bett gebracht worden war. Wir versuchten, die Angst zu verdrängen, aber ich ertappte mich oft dabei, daß ich manchmal

nachts wachlag und erst in Ruhe weiterschlafen konnte, nachdem ich in Henris Zimmer geschlichen war und ihn atmen hörte. Als er endlich ein Jahr alt wurde, war der plötzliche Kindstod, Gott sei Dank, kein Thema mehr. Aber längst waren andere Ängste dazugekommen. Henris Aktionsradius hatte sich vergrößert. Er krabbelte, konnte schon ein wenig stehen. Was, wenn er die Treppe runterfällt? Was, wenn er sich mit einer Schere verletzt, die wir versehentlich liegengelassen haben? Was, wenn er sich bei anderen Kindern mit irgendwas ansteckt? Was, wenn ihn einer der vielen Hunde in unserer ländlichen Umgebung beißt? Manchmal machte ich mich regelrecht verrückt und steckte Gesa mit meinen Horrorvorstellungen an. Die Ängste waren nicht ständig da, aber sie kamen immer wieder an die Oberfläche. Oft, wenn ich mich gerade besonders glücklich fühlte. Dann kamen sie wie ein dunkler Schatten, und ich fragte mich, was wohl wäre, wenn ... Und dann ging ich im Kopf wieder all die furchtbaren Dinge durch, die theoretisch passieren könnten.

Man muß versuchen, damit fertig zu werden. Verdrängen ist das einzige, was hilft. Man kann sein Kind ja schließlich nicht an sich binden, um es zu schützen. Nun gehöre ich sicherlich zu den ängstlicheren Vertretern, aber ich glaube, daß alle Eltern dieses Problem kennen. Jede Lebensphase ihrer Kinder bringt eine entsprechende Angstphase mit sich. Wenn sie klein und zerbrechlich sind, hat man Angst bei jeder Erkältung und jedem Fieberanfall. Wenn sie laufen können, hat man einen Horror vor Straßen, Treppen und spitzen Kanten. Haben sie alle Kinderkrankheiten glücklich überstanden, dann kommen sie in die Schule und müssen alleine Straßen überqueren. Sind sie in der Pubertät, muß man sich Gedanken über Aids, Drogen und die zunehmende Gewalt in der Schule machen ...

Viele meiner Ängste sind übertrieben oder sogar irrational. Das weiß ich. Aber andere werden durch den alltäglichen Horror in unserer Welt genährt. Manches betrifft sogar ganz direkt das eigene Kind. Es war ein wirklicher Schock für Gesa und mich, als wir erfuhren, daß die routinemäßige Vitamin-K-Spritze nach der Geburt (zur Verhinderung von inneren Blutungen beim Baby) in den Verdacht geraten war, möglicherweise krebsfördernd zu sein. Das muß man sich mal vorstellen! Da bekommen Neugeborene direkt nach der Geburt eine Spritze, die sie schützen sollte, und die stellt sich hinterher als eventuelle Gefahr heraus. Ich habe eine ganze Zeit gebraucht, um damit fertig zu werden. Mittlerweile existieren Studien, z.B. aus Schweden, die keinen Zusammenhang zwischen Krebserkrankungen und der Injektion von Vitamin-K-Präparaten ergeben haben. Das Bundesgesundheitsamt riet allerdings bei Drucklegung dieses Buches aus »Gründen des vorbeugenden Verbraucherschutzes« grundsätzlich zur Verabreichung von Vitamin-K in Tropfenform statt zur Injektion. Angst habe ich immer noch. Mal mehr, mal weniger. Die Angst gehört für mich zu den größten Schattenseiten der Vaterschaft. Weil sie mich verletzlich und unsicher macht. Trotzdem würde ich wieder Kinder wollen, wenn ich noch mal entscheiden müßte. Es ist eben nicht alles toll am Vater-Sein. Manches ist sogar sehr belastend. Aber es ist besser als alles, was ich bisher erlebt habe.

»Das haben wir früher ganz anders gemacht!«

Die Familie: Ratschläge und Forderungen

Ach, laßt ihn doch ordentlich schreien«, sagte Tante Martha kopfschüttelnd, als ich eines Nachmittags erzählte, wie sehr wir manchmal durch Henris Gegröle genervt waren. Henri war damals sechs Monate alt. Tante Martha, im Grunde eine herzensgute, alte Dame, fand, daß es »eine neumodische Verwöhnerei« sei, die Kinder »bei jedem Piepser immer gleich zu trösten«. Sie habe ihren Karl ruhig mal kräftig schreien lassen. »Das stärkt die Lungen« behauptete sie eisern, »und festigt auch den Charakter«. Nun, einmal abgesehen davon, daß ihr Karl eine ziemliche Gurke ist: Die Sache mit der Lungenstärkung durch heftiges Kindergebrüll ist ein weitverbreitetes Ammenmärchen, an dem die älteren Generationen jedoch mit verbissener Bockigkeit festhalten. Kleine Kinder schreien, weil es ihnen nicht gutgeht, weil sie Schmerzen oder Hunger haben, weil sie frieren, schwitzen, naß oder einsam sind, nie jedoch, weil sie Spaß daran haben oder uns ärgern wollen. Deshalb kann man sein Kind auch nicht verwöhnen, wenn man bei seinem Schreien herbeieilt und es zu trösten versucht. Im Gegenteil: Man gibt ihm so das Grundvertrauen, das jedes Kind braucht, um später mit der Welt zurechtzukommen. Zumindest gilt dies, solange das Kind jünger als ein

Jahr ist. Wenn das Baby älter wird, darf man es ruhig auch mal ein bißchen warten lassen. Wir haben schnell gemerkt, daß Henri anfing, sein Schreien gelegentlich gezielt einzusetzen, um irgend etwas Bestimmtes zu erreichen. Zum Beispiel, daß wir zum hundertsten Mal abends an sein Bett kamen, um ihm wieder eine volle Flasche zu geben. Mit dem Erfolg, daß er nachts um eins naßgepieselt war, deshalb zu schreien anfing und gewickelt werden mußte. Und ich kann Ihnen sagen: Da kommt Freude auf, wenn man im Halbschlaf frierend im Kinderzimmer steht, das Kind auszieht, neu wickelt und es dann ins Bett legt, um festzustellen, daß es jetzt putzmunter ist und – »daddi, daddi« – spielen, toben und kichern, aber nicht mehr schlafen will. Und das alles, weil man unbedingt in Ruhe den »Tatort« sehen wollte und deshalb den Schreihals auch noch mit einer vierten Pulle »ruhiggestöpselt« hat. Das nur kurz zum Thema »elterliche Inkonsequenz«. Manchmal ließen wir Henri also schon ein bißchen schreien, um zu testen, wie ernst die Lage ist. Wenn er sich dann jedoch nicht beruhigte, ging natürlich einer von uns hoch und tröstete ihn. Immerhin konnte er ja auch wirklich ein Problem haben. Tante Martha hätte in diesem Fall jedoch nur fest die Tür zugezogen und die Ohren auf Durchzug gestellt. Ich erklärte ihr die neuen Erkenntnisse der Babyheilkunde und Kinderpsychologie und versuchte, die Lungenstärkungs- und Verwöhn-Theorie zu entkräften. »Wenn du bei einem Überfall um Hilfe rufst, sagt ja auch keiner: ›Laß die man grölen, das hält fit.‹« Sie hörte zu, schüttelte dann langsam den Kopf und sagte diesen Satz, den ich so hasse: »Da haben Generationen so ihre Kinder großgezogen, und nun soll das alles falsch sein? Ne, ne, mein Junge, das glaub' ich nicht, laß ihn mal ruhig schreien«. Es war hoffnungslos. Tante Martha war jedoch nicht das einzige Familienmitglied, das in penetranter Halsstarrigkeit daran festhielt, daß man schon recht gut wisse, was gut und schlecht für Kinder sei. Immerhin habe man ja selber welche aufgezogen. Meine Mutter und meine Schwiegermutter zum Beispiel finden es noch heute leicht verschroben, daß wir unserem Kind so wenig Fabrikzucker wie möglich geben. Man muß ja kein makrobiotischer Sandalettenträger mehr sein, um zu wissen, daß zuviel Zucker die Zähne schädigt, zu Vitaminmangel führen sowie fett und süchtig machen kann. Dennoch fanden unsere Mütter es irgendwie gemein, daß Henri mit einem halben Jahr noch keine Schokolade be-

kam und sein Müsli ungesüßt aß. Zum Glück akzeptierten sie grundsätzlich unsere Sichtweise, hielten uns jedoch eher für überkritisch. Dabei waren und sind wir wahrlich keine Hardcore-Zucker-Gegner. Immerhin »dübeln« wir uns selber gerne ab und zu mal ein Stückchen Kuchen rein, wie mein Freund Ulf in diesem Zusammenhang einmal süffisant bemerkte. Da kann man es seinem Kind ja auch nicht ständig verwehren. Wir versuchen jedoch, unseren Zwerg so lange es irgend geht so gesund wie möglich zu ernähren. Später wird er sich sowieso ohne Ende fette Fritten, klebrige Gummibärchen und feiste Burger einverleiben, wie es sein Vater ja schließlich auch (mit Vergnügen) tut. Man darf die Sache mit dem Zucker ohnehin nicht zum Dogma erheben. Der erste Kindergeburtstag, an dem Ihr Sprößling teilnimmt, bringt ein monatelanges Zuckerembargo in Minuten zum Totalzusammenbruch. Was soll man denn

machen, wenn man mit seinem Sohn ein Zimmer betritt, in dem acht Kinder mit Negerküssen im Mund und Zuckerstangen in den Händen hocken und mit verklärtem Blick mampfen? Ich habe mal erlebt, wie eine Mutter ihrem Kind in so einer Situation den »schlimmen Keks« mit dem vielen Zucker wieder aus der Hand riß, um ihrem weinenden Knaben dann eine pappige Öko-Waffel zu reichen. Das ist natürlich pure Psycho-Folter. Wer so was macht, hat in meinen Augen einen Dachschaden und erzieht sein Kind zum Neurotiker. Nein, so waren wir nicht. Doch trotz unserer moderaten Haltung in der Zuckerfrage wurden wir von unseren Müttern belächelt. Bis heute haben wir den Verdacht, daß wir heimlich mit Schokoriegeln hintergangen wurden. Es gibt aber keine Beweise, und auf die Einschaltung eines Privatdetektivs haben wir in diesem Zusammenhang denn doch verzichtet.

Man kann sich natürlich mit seiner Familie auch noch über ganz andere Sachen als über zuviel Zucker streiten. Kai, ein Freund von mir, muß sich ständig gegen die erzieherischen Eingriffe seiner Schwiegermutter wehren. Sein Sohn Pit ist jetzt vier, und die gute Frau meint, bei seiner Persönlichkeitsbildung ein entscheidendes Wort mitreden zu dürfen. Insbesondere die Erziehung zur Höflichkeit und zur Körperhygiene hält die Mutter seiner Frau Marion für außerordentlich wichtig, ja praktisch für zentrale Punkte der klassischen Pädagogik. Also trichtert sie dem Kind ein, ständig »bitte« und »danke« zu sagen, und weist ebenso ständig darauf hin, daß der Kleine nicht an seinem Penis spielen solle (»Das ist bäh, da unten«) oder daß sein Urin ganz doll eklig ist. Kai rastet dann regelmäßig innerlich aus. Ihm sei es total egal, ob der kleine Pit »danke« sagt, und einen sexuell Verklemmten wolle er schon gar nicht heranziehen. »Der darf mit seinem Dödel machen, wozu er Lust hat«, rief er einmal während einer diesbezüglichen Diskussion bei uns, und ich mußte ihn wegen der skeptisch herüberblickenden Nachbarn um etwas Zurückhaltung bitten. Genau die legt er nämlich zu Hause bei seiner Schwiegermutter an den Tag. Zwangsläufig. Denn sie paßt zwei Tage in der Woche auf Pit auf, so daß Marion berufstätig sein kann. Also darf er nicht mit dem Brecheisen argumentieren und versucht, der Schwiegermama seine aufgeklärte Sicht der Dinge in langen Gesprächen beizubringen. Die zeigt sich jedoch äußerst uneinsichtig und scheint ihre 50er-Jahre-Erziehung weiter durchziehen zu wollen. Marion hält sich raus und versucht, dem Jungen die pädagogischen Ausfälle ihrer Mutter wieder »wegzuerziehen«. Lange geht das nicht mehr gut. Das ahne ich. Irgendwann explodiert Kai, und dann wird er vermutlich sehr deutlich. Ich kann es schon in Gedanken hören: »Duuuu, du, mit deinem verdammten Bitte-und-Danke-Scheiß. Ich will kein braves Kind, und ich will auch keinen, der später glaubt, daß er bei jedem Onanieren einen Teil seines Rückenmarks verliert, wie es uns deine Generation weismachen wollte.« Und so weiter. Ja, das wäre was, so ein richtig schöner Wutanfall. Ich empfahl Kai allerdings, vorerst zur Schocktherapie einmal mit seiner Schwiegermutter ins Kino zu gehen und sich »Die Adams-Family« anzusehen. Diese Horror-Familie macht nämlich alles anders, ganz, ganz anders, als es in bürgerlichen Familien üblich ist. In einer Szene dieser

köstlichen Komödie schreien die Kinder laut und pöbelhaft nach Essen. Die Mutter blickt sie gütig an und fragt: »Und wie heißt das Zauberwort?« Die Kinder schreien infernalisch »Jeeeeetzt« und kriegen sofort ihre vollen Teller. Da wird der Schwiegermama der kleine Enkel zu Hause doch wie ein Engel vorkommen.

Auch in unserer Familie gab es weitere Unstimmigkeiten. Meine Eltern zum Beispiel fanden, daß sie ihren Enkel nicht oft genug sahen. Alle zwei Wochen mal nachmittags oder abends beim Babysitten waren ihnen nicht genug. Wir fanden schon. Bis heute gibt es deswegen immer mal wieder Ärger. Bei einer befreundeten Familie kam es in einer vergleichbaren Situation sogar zu einem ernsten Zerwürfnis zwischen Eltern und Tochter. Die frischgebackenen Großeltern erwarteten, daß ihre Tochter Ina und ihr Schwiegersohn sie fortan intensiv an der Entwicklung des Kindes teilhaben lassen würden. Das hieß vor allem: Sie wollten eingeladen werden, oder das Kind sollte ihnen, möglichst gesäubert und satt, angereicht und später wieder abgeholt werden. So jede Woche ein-, zweimal müsse das schon sein, hieß es. Schließlich hätten sie ein Recht auf ihren Enkel. Welch ein Unsinn! Solche Rechte gibt es nicht. Natürlich muß man verstehen, daß die Großeltern ihre Enkel sehen wollen, und man sollte ihnen da schon mal entgegenkommen, auch wenn man nicht immer Lust hat. Aber die Besuche bei den Eltern zu regelmäßigen Pflichtveranstaltungen zu degradieren, halte ich für falsch. Ina wurde vorgeworfen, sie sei undankbar, egoistisch, würde dauernd Freunde, aber nicht ihre eigenen Eltern zu sich einladen – und überhaupt: Da habe man sich sein Leben lang für die Kinder abgerackert, und dann dürfe man später nur nach Voranmeldung erscheinen. Ina war einfach platt. Damit hatte sie nicht gerechnet. Vor allem, weil ihre Eltern so offensichtlich die Ebenen durcheinanderbrachten. Auf einmal beklagten sie das schlechte Tochter-Eltern-Verhältnis, das vorher so prima war. Dabei ging es ihnen nicht in erster Linie um die Tochter, sondern nur um den Enkel, den sie mit dieser perfiden Form moralischen Drucks häufiger zu sehen hofften. Hinzu kam noch, daß sie zu echter Entlastung nicht bereit waren. Wenn es darum ging, einmal morgens früh das Kind zu hüten, hieß es dann schnell »Ja, dafür sind wir gut, hier morgens anzutanzen, wenn du zum Sport willst«. Wenn dann die andere Oma kam, war das auch wieder nicht in Ordnung (»Wo bleiben wir denn? Dauernd sind diese Schulzes da«). Irgendwann war der Ofen aus. Ina brach genervt den Kontakt ab, und es herrschte monatelang Funkstille.

Die Auseinandersetzungen mit den Eltern und Schwiegereltern müssen nicht solche Formen erreichen, aber sie sind fast unvermeidlich. Da hilft es meiner Meinung nach nur, möglichst schnell und eindeutig die Fronten zu klären. Frei nach dem Motto: Hört mal zu, wir wollen, daß ihr das Kind seht und ein gutes Verhältnis zu eurem Enkel habt. Aber es ist unser Kind, und wir bestimmen, wer, wann und wie oft zu uns kommt, oder es bei sich haben kann. Punkt! Wer das nicht einsieht, ist selber schuld. Die jungen Eltern haben schon genug mit sich und der neuen Situation zu tun. Da können sie auf den Streß mit ihren Eltern wirklich gern verzichten. Erschwerend kommt hinzu, daß man ja zumeist zwei Großelternpaare hat, die Anspruch auf »ihre« Enkel erheben.

Da kommt es schnell zu Eifersüchteleien. »Die Eltern deiner Frau scheinen ja Sonderrechte zu haben« heißt es dann, wenn Müllers zu Besuch waren und Meiers davon erfahren. Auch hier gilt es, klare Fronten zu schaffen. Wenn man mit der Stoppuhr neben Omi und Opi sitzt, damit sich die anderen Großeltern nicht benachteiligt fühlen, macht man etwas falsch. Da muß man auf den Tisch hauen und das machen, was für einen selbst und das Kind das Beste ist. Aber ich gebe zu, daß das verdammt schwer ist. Ich selber bin solchem Streit lange Zeit lieber aus dem Weg gegangen. Als es dennoch einmal ein ziemliches Gewitter gab, hatte es jedoch die vielbeschworene reinigende Wirkung. Na, bitte.

»Die kindgerechte Wohnung ist dreckig und sieht ätzend aus.«

Hausen mit Kindern

Also bei uns gibt es das nicht«, protestierte ich empört, als Freunde uns vor Henris Geburt prophezeiten, daß sich auch unsere Wohnung unter dem Einfluß des Kindes erheblich verändern würde – zu ihrem Nachteil. »Herrje«, erregte ich mich und wies mit dem Arm auf ihre beschmierten Tapeten, Spielzeugberge und breitgetretenen Essensreste. »Ich find's ja toll, daß ihr eurem Paul möglichst wenig verbietet, aber das hier, das muß doch nicht sein. Da würd' ich mich zu Hause nicht mehr wohlfühlen. Das werden wir ein bißchen anders machen.« Unsere Freunde lachten leise in sich hinein und unkten: »Wartet's nur ab.«

Sie sollten recht behalten. Leider. Denn, überspitzt gesagt, entwickelt man sich entweder zu Sauberkeits-Tyrannen oder zu guten Eltern. Wir entschieden uns mit ein paar Abstrichen für letzteres. Und so postuliere ich heute mit nur leichter Übertreibung: Die kindgerechte Wohnung ist dreckig und sieht ätzend aus.

Aber der Reihe nach. Es begann mit einer eher harmlosen Erweiterung des Hausstandes. Die kleine Kinderbadewanne und die Wickelkommode sowie die ersten paar Teddies und Greifringe fielen kaum auf. Wir stellten die

Sachen sogar ein wenig zur Schau. Man sollte sehen, daß hier auch ein Kind wohnt. Als unser Sohn ein halbes Jahr alt war, lagen dann schon überall die Kuscheldecken herum, auf denen er zu ruhen pflegte. Schließlich sollte sich unser Kleiner auf dem kalten Fußboden nicht erkälten. Wir vermieden es, auf die Decken zu treten, und sie ständig zusammenzulegen und wegzupacken, dazu hatten wir auch keine Lust. Die »Deckenlager« schränkten die Quadratmeterzahl verfügbaren Raumes also schon ein wenig ein und veränderten das Erscheinungsbild in Richtung Pfadfinderlager. Als Henri dann zu krabbeln anfing, begannen die ersten Umbauten. Steckdosen wurden gesichert, die unteren Regalbretter ausgeräumt und Lautsprecherkabel in die Höhe verlegt. An letzteren zog Henri nämlich mit besonderem Vergnügen, weil dann immer die Musik aufhörte. Das Spielzeugdepot hatte sich mittlerweile erheblich vergrößert. Es störte noch nicht, war aber bereits unübersehbar, insbesondere, weil Henri überall Spielzeug-Vorratskammern anlegte, die er zusätzlich mit Zwieback und altem Brot aufrüstete, um in seinen dunklen Ecken totale Autarkie zu genießen. In jedem der zwei Bäder dampfte jetzt auch ein Windeleimer, der nicht immer gut roch, und überall standen Wäscheständer, um Henris vorsätzlich eingesaute Kleidung

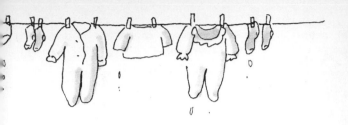

nach der meist vergeblichen Säuberung wieder zu trock-nen. Als Henri schließlich laufen lernte, war der Ofen aus. Jetzt konnte er rasend schnell den Standort wechseln und mit seinen dicken, kleinen aber schon ungeheuer flinken Fingern alles mögliche packen, untersuchen und bei Nichtgefallen zerschmettern. Gegenmaßnahmen wurden eingeleitet. Wie schon geschildert, veränderte sich das gesamte Haus zwischen dem Fußboden und etwa einem Meter Höhe. Alles wurde ausgeräumt, höher gestellt oder kindersicher gemacht. Henri füllte die Lücken mit Spielzeug und Essensresten. Um den Video-recorder und den Fernseher stellten wir ein Laufgitter. Das sah sehr putzig aus, fast wie eine moderne Kunst-Installation. Eine andere Verwendung für das Laufgitter hatten wir nicht, denn als wir Henri das erste (und letzte) Mal dort hineinsetzten, war er dermaßen empört und verletzt, daß wir ihn nach einem katastrophalen Wut- und Stangen-Rüttelanfall sofort wieder rausholten. Anschließend verschwanden sämtliche Tischdecken. Henri fand es nämlich lustig, diese samt Geschirr runter-zureißen. Nein, was haben wir gelacht. Da unser Küchentisch aber nackt so abstoßend häßlich war, »tackerten« wir dort eine Wachstuchdecke fest, was auch nicht sehr doll wirkte. Langsam, aber sicher, begann es bei uns also immer seltsamer auszusehen. Henris Spiel-zeug dominierte – in meist zerlegtem Zustand – mittler-weile das Erscheinungsbild des Hauses. Er verstärkte auch seine Aktivitäten in Sachen Depots. In den unteren Küchenschubladen fanden wir stets Autos, Steine und alte Reiswaffeln. Unter seinem Bett lagen Löffel, Gabeln und meist der von ihm besonders geschätzte Handquirl.

Der Teppich wechselte stellenweise und irreversibel seine Farbe. Es gab Brei-Inseln, die eher gelblich-grau aussahen, übelriechende, weißliche Milchflecken, dunkelgraue Partien, die mit Dreck von draußen veredelt worden waren (Sandkiste, Komposthaufen, Pfützen, Fahrradkettenschmiere) und ein paar farblich nicht näher definierbare Stellen, auf denen sich Henri auf mannigfaltige Weise seiner körpereigenen Ausscheidungsprodukte entledigt hatte, weil wir es ja »soooo lustig« fanden, ihn nackt durch die Wohnung laufen zu lassen. Einmal hat er mich sogar kichernd angepinkelt, der kleine Lump. Auch die Tapete änderte im unteren Bereich ihr Muster und ihre Farbe. Oma hatte Henri nämlich Wachsmalstifte geschenkt. Die wurden dann aber nur noch unter strengster Aufsicht zur Benutzung freigegeben. Das Bad wies nach ein paar turbulenten Wannensitzungen erhebliche Wasserschäden auf, und unser (zum Glück wenigstens schwarzes) Stoffsofa verwandelte sich in wenigen Monaten von einem immer noch ansehnlichen Stück Möbel in Sperrmüll. Irgendwann bekam Henri eine Spielzeugwerkbank. Hui, machte das Spaß, mit dem Hammer auf dem Wohnzimmertisch herumzudreschen. Dann entdeckte er das Prinzip der Leiter. Um an interessante, höher gelegene Dinge heranzukommen, zerrte er sich ächzend und mit hochrotem Kopf einen Stuhl herbei, kletterte mühsam hoch, stellte sich darauf und erreichte so auch die oberen Schranktüren und Regale. »Rumms!« lag dann eine Vase oder ein Blumentopf am Boden, »oh«, sagte Henri. »Mist« schrien wir. Gezwungenermaßen traten wir mit unseren Sachen die Flucht nach immer weiter oben an. Irgendwann sah das sehr seltsam aus. Wir sind beide eher klein, waren aber nun höhentechnisch eingerichtet wie zwei Basketball-spieler aus der amerikanischen Profi-Liga. Und es ging weiter. Wo Henri »aß« – und er wollte immer da essen, wo wir es nicht besonders schätzten – war innerhalb von wenigen Minuten alles kontaminiert. Wenn er von draußen kam, mußte er überfallartig gepackt und auf der Stelle drecktechnisch entsorgt werden, was selten gelang, denn irgendwann begann er, sich heimlich reinzuschlei-chen. Manchmal kamen seine kleinen Freunde zu Be-such. Ehe die elterlichen Wachmannschaften eingreifen konnten, hatten die Kinder meist in Sekundenschnelle eine kriminelle Vereinigung gebildet, um Sauberkeit, Sitte und Anstand umgehend und nachhaltig zu schädi-gen.

Unser Haus veränderte sich rasant, wurde schmuddeli-ger, unaufgeräumter, reparaturbedürftiger. Wir sprachen Verbote aus, wir bettelten, wir flehten. Doch das verhin-derte nur den allerschlimmsten Vandalismus. Irgend-

wann kapitulierten wir. Immerhin wollten wir unseren Sohn ja nicht dauernd maßregeln oder anschreien, außer wenn er vielleicht gerade in das tragbare Radio pinkelte. Also ließen wir ihn weitgehend gewähren. Abends, wenn er im Bett war, versuchte ich dann die schlimmsten Verwüstungen wieder zu beheben und trug die störenden Spielzeugberge ab.

Es geht eben nicht anders. Wer sein Kind liebt, muß sich an einige »Umbauten« und mehr Schmuddeligkeit gewöhnen. Die einzige Möglichkeit, das zu verhindern, wäre, sich mit geladener Wasserpistole auf überall in der Wohnung verteilte Wachtürme zu setzen und sein Kind bei jedem Regelverstoß naßzuspritzen. Nachts muß dann aber auch alles mit Suchscheinwerfern abgeleuchtet werden, denn wenn die kleinen Teufel erst mal raushaben, wie ihnen die Flucht aus dem Gitterbett von Alcatraz gelingt, sind sie auch nachts gern unterwegs, um ein wenig zu randalieren. Wenn man sie auf frischer Tat ertappt, sollte man sie unverzüglich packen, sie nach vollen Windeln absuchen und rufen: »Du bist verhaftet. Du hast das Recht zu schweigen. Alles, was du jetzt brabbelst, kann vor Mama gegen dich verwendet werden.«

Als Henri zu malen anfing, stellten wir seine Bilder (im Stile der jungen Wilden) auf Gesas Wunsch in unseren Räumen aus. Meine Edward-Hopper-Bilder und mein Lieblingsposter mit der Besatzung vom Raumschiff Orion durfte ich in versteckte Ecken hängen. Henri hatte endgültig gesiegt. Ich habe da eine Theorie, warum das so ist. Ich glaube, daß alle Kinder phasenweise vom Geist eines verstorbenen, ruhelosen und wahnsinnig schlecht gelaunten Innenarchitekten besessen sind, der

171

sie zwingt, jede Wohnung, jedes Haus gegen alle ästhetischen Regeln langsam, aber sicher zu verwüsten. So muß es sein. Anders kann ich mir die konsequente Zerrandalierung elterlichen Besitzes einfach nicht erklären. Wenn ich weiß, wie ich diesen Geist exorzieren kann, werde ich dies unverzüglich publizieren. Denn glauben Sie mir, wenn Sie erst mal Kinder haben, werden Sie das bitter nötig haben. Vielleicht sollten Sie zur Einstimmung schon mal ein paar Tischdecken runterreißen, ein wenig Dreck auf dem Teppich verteilen, zwei, drei Schubladen ausschütten und den Inhalt in der ganzen Wohnung verstecken. Irgendwann macht das sogar Spaß. Das ist wie Ostern.

Aber ganz im Ernst. Wer nicht wahnsinnig werden will, muß einfach mal alle fünf gerade sein lassen und sich an ein bißchen mehr Schmutz und Unordnung zu Hause gewöhnen. Ein Kind fordert unglaublich viel Zeit und Aufmerksamkeit. Wer da dauernd putzt und wienert, macht sich das Leben unnötig schwer. Für uns gerade zur rechten Zeit erschien der sehr lesenswerte »Biblio-Aktuell«-Ratgeber »Die natürliche Geburt und die ersten zwei Jahre«. Er formulierte in diesem Zusammenhang treffend und eindeutig: »Ein etwas nachlässig gehandhabter Haushalt zeugt von wirklicher Kinderfreundlichkeit. Denn es ist beim besten Willen nicht möglich, ohne Hilfe einen gewohnten Hausalltag zu meistern und gleichzeitig einen Säugling oder ein Kleinkind zu versorgen – es sei denn auf Kosten des Kindes.« Dem ist nichts hinzuzufügen.

»Du denkst nur noch an das Kind«

Der Vater und die Eifersucht

Henri schrie. Tränen rannen ihm über die Wangen. Sein Gesicht war knallrot. Gesa nahm ihn aus seinem Bett, setzte sich auf einen Stuhl, schob ihr T-Shirt hoch und gab ihm die Brust. Sofort sog er gierig los, schluchzte nur ab und zu noch leise und streichelte mit seinen kleinen Händen über ihre Brust. Er war damals vier Monate alt. »Ein wunderbarer Anblick«, dachte ich, während ich etwas abseits im Zimmer stand und die beiden ansah. Und doch spürte ich, daß mir etwas daran mißfiel. Ich merkte nämlich, daß ich eifersüchtig war. Eifersüchtig auf diese fast mystische und totale Zweisamkeit zwischen Mutter und Kind während des Stillens. Und wenn ich mich auch noch so anstrengen würde: Diese ganz spezielle Nähe zu meinem Sohn würde ich nie empfinden können. Das ist ein Privileg der Frauen. Gesa genoß es sichtlich. Mit einem »Marienlächeln« auf den Lippen saß sie da und sah auf ihren Sohn herab. Nun will ich nicht übertreiben. Es tat mir nicht gerade weh, aber ich spürte dieses eifersüchtige Bedauern, daß mir hier etwas prinzipiell verwehrt blieb und bleiben würde. Ich konnte mir ja schließlich keine Milchdrüsen implantieren lassen.

Mit Gefühlen von Eifersucht muß sich wohl jeder frisch-
gebackene Vater auseinandersetzen. Immer mal wieder
wird er eifersüchtig sein: sowohl auf seine Partnerin als
auch auf sein Kind, wenn er sich von seiner Frau mißachtet oder zurückgesetzt fühlt – je nach Befindlichkeit und
den gerade aktuellen Bedürfnissen.

Als Henri ein paar Monate alt war und ich längst wieder
zur Arbeit ging, war ich oft einfach neidisch, daß Gesa
soviel Zeit mit Henri verbringen konnte und eine so totale Nähe zu unserem Sohn entwickelte. Nicht nur
durch das Stillen, sondern auch durch ihre ständige An-
wesenheit hatte sich eine Innigkeit zwischen den beiden
entwickelt, mit der ich nicht mal annähernd konkurrieren konnte. So blieb es eine ganze Zeitlang. Ich kam wo-
chentags von der Arbeit, ließ mir erzählen, was sich ereig-

net und was der Kleine wieder alles gelernt und angestellt hatte. Eine Stunde später mußte er ins Bett, was ich einerseits bedauerte, andererseits begrüßte, weil ich ja schließlich auch noch etwas von Gesa und meinem Feierabend haben wollte. Immer wieder merkte ich, daß ich eigentlich gar nicht genau wußte, was ich nun eigentlich lieber sein wollte: Papa oder Ehemann. Wie bei allen jungen Eltern, begann sich unsere Beziehung durch Henri zu verändern. Ganz erheblich eingeschränkt wurde auch unser Sexualleben. Lust hatten wir beide, aber oft fehlte die Zeit, waren wir zu müde oder wurden von Henri gestört. Als er noch sehr klein war, schlief er bei uns, was uns hemmte. Als er sein eigenes Zimmer hatte, wurde er beim kleinsten Geräusch wach und schrie, was die knisternde Stimmung auch nicht gerade förderte.

Ich erinnere mich da an einen typischen Sonntagmorgen. Es war noch früh. Draußen pfiff der Wind. Henri schlief noch, dachten wir. Wir waren halbwach und kuschelten. Es wurde mehr daraus und mitten im schönsten Liebesspiel (unter der Decke vorsorglich) flog plötzlich ein Spielzeugauto an der Tür vorbei. Dann ertönte Henris unverwechselbare Stimme: »Audo, Audo«. Wir erstarrten. Gleich würde unser kleines Monster mitten im Zimmer stehen. Im wahrscheinlich nassen Schlafanzug, mit hängender Windel, und würde auf das undurchsichtige Treiben unter der Decke mit seinem Universal-Fragewort »Di?« reagieren. So kam es auch. So ähnlich zumindest. Henri sagte allerdings nicht »Di?« sondern riß lieber wortlos das Telefon vom Nachttisch. »Oh, putt!« kommentierte er anschließend trocken.

In solchen Situationen hieß es: Nerven bewahren! Sonst

war die zärtliche Stimmung schnell dahin. Man darf nicht allzu empfindsam sein, wenn man erotisch nicht zu kurz kommen will. Vor allem aber muß man wenigstens versuchen zu handeln. Ehe Gesa also ihre Aufmerksamkeit von mir auf Henri verlagern konnte, sprang ich schnell, schnell aus dem Bett, griff mir den Morgenmantel und lockte Henri mit einer für solche Notfälle im Verborgenen gelagerten Flasche und einem Zwieback in sein Zimmer. Dort stellte ich dann eiligst einen Kassettenrecorder mit Kinderliedern an, legte ein buntes Kinderbuch daneben – und ab durch die Mitte zurück ins Ehebett. Meist ist das Kind mit diesen Tricks für ein paar Minuten abgelenkt. Wenn man sich ein bißchen Mühe gibt, kann man da weitermachen, wo man aufgehört hat. Nur nicht zu lange. Sie werden sehen, wie schnell Sie als Eltern die Kunst des »Quickies« beherrschen.

Ich gebe zu, daß es nicht immer so unbeschwert und lustig ablief. Oft nervte es sehr, wenn uns Henri störte und die knisternde Stimmung unwiderruflich dahin war. Und wenn der eine abends mal wieder »zu müde« oder »zu kaputt« für Sex war, dann reagierte der andere auch nicht immer mit vorbildlichem Verständnis. Trotzdem

war die Einschränkung unseres Sexlebens nie ein wirklich zentrales Problem. Zumal wir auch ohne Sex weiterhin zärtlich zueinander waren, und ich mich meist nicht zurückgesetzt fühlte. Ganz im Gegensatz zu Petra und Kurt, zwei guten Freunden von uns. Da schien dieses Thema zum zentralen Knackpunkt der Ehe zu werden. Vorher war »alles Bingo«, wie Kurt mir in seiner typischen Art bei einem langen Gespräch anvertraute. Er und Petra hätten sich im Bett ganz gut verstanden. Glaubte er zumindest. Doch seit die kleine Lara auf der Welt war, war die »Koitusfrequenz«, wie die Experten sagen, erheblich niedriger. Das ging jetzt schon ein halbes Jahr so. Kurt behauptete, daß seine Frau alle Zärtlichkeit und Zuwendung allein dem Kind schenkt, und für ihn nichts mehr übrigbliebe. Das Resultat: Kurt war sauer und eifersüchtig auf seine eigene Tochter, die jetzt plötzlich zwischen ihm und seiner Frau stand. Petra dagegen erzählte, daß sie sich unverstanden fühlt. Kurt würde sie so gut wie nie entlasten, sich total aus dem Haushalt raushalten und nicht verstehen, daß sie nach mehrmaligem Aufstehen in der Nacht wirklich ziemlich oft ziemlich müde sei. Es stellte sich schließlich heraus, daß die beiden völlig unterschiedliche Erwartungen aneinander hatten. Kurt wollte wieder die uneingeschränkte Zuwendung seiner Frau, wie er sie früher genossen hatte (was einfach nicht geht, wenn man ein Baby hat). Petra wollte Hilfe, Entlastung und vor allem Verständnis, bekam sie nicht im erwarteten Maße und war deshalb sehr oft enttäuscht und mißmutig. Kein Wunder, daß die beiden nicht miteinander im Bett landeten oder wie früher kuschelten.

Irgendeiner muß in so einem Fall versuchen, den Teufels-kreis aus Eifersucht, Mißverständnissen und Enttäu-schung zu durchbrechen, sonst ist die Beziehung schnell ernstlich gefährdet. Als Kurt und Petra sich endlich ein-mal zusammenrauften und über ihr Problem redeten, war schon ein vielversprechender Anfang gemacht.

Kurt hatte übrigens wie die meisten Männer auf seine Ei-fersucht reagiert. Er zog sich auf vertrautes Terrain zurück und entdeckte ein altes Hobby, sein Aquarium, wieder. Stundenlang saß er vor seinem wassergefüllten Glaskasten, arrangierte Pflanzen und Steine und stu-dierte seine Fische. Andere Männer, die sich ausge-schlossen und mißachtet fühlen, nehmen einen Neben-job an oder machen auffallend oft Überstunden. So ver-suchen sie, der Konfrontation mit ihren eigenen wider-strebenden Gefühlen aus dem Weg zu gehen, was natür-lich nur zu weiterer Entfremdung zwischen Mann, Frau und Kind führt.

Ich für meinen Teil konnte es gar nicht erwarten, nach Hause zu kommen. Das heißt aber nicht, daß es bei uns konfliktfrei abging. Im Gegenteil. Jeder von uns hatte seit Henris Geburt eine neue, ziemlich festgelegte Rolle. Damit kamen wir nicht immer klar. Während wir vorher beide berufstätig und unabhängig gewesen waren, hatte ich jetzt den Job des »Ernährers« und Gesa war Mutter und Hausfrau. Das hatten wir uns zwar so ausgesucht, aber damit Konflikte natürlich nicht gänzlich vermie-den. Denn nicht nur ich war manchmal eifersüchtig auf Gesa und ihre totale Nähe zu Henri, nein, Gesa war oft auch eifersüchtig auf mich. »Du hast es gut«, hieß es dann. »Du triffst jeden Tag viele interessante Leute, hast

Erfolgserlebnisse und Herausforderungen. Und ich hänge hier zu Hause herum.« Jeder war eifersüchtig auf das, was er nicht hatte. Zum Glück wurde das nicht zum Dauerzustand. Manchmal war es sogar genau umgekehrt. Je nach Laune und den aktuellen Tageserlebnissen gefielen wir uns auch darin, den Alltag des anderen geringzuschätzen und gegen die eigene »Leistung« abzuwerten. »Das bißchen Haushalt gegen den Streß, den ich manchmal hab'« tönte ich dann. Oder Gesa motzte: »Du kannst an deinem Schreibtisch hocken und bei einem Kaffee nachdenken, während ich hier mit dem schreienden Kind kämpfe und den Dreck wegmache.« Das war manchmal ziemlich ätzend. Jeder hielt dann dem anderen vor, nicht genug Verständnis für die eigene Situation zu haben. Ab und zu läßt sich das wohl nicht vermeiden. Durch solche Auseinandersetzungen muß man durch. Wenn mir kurz vor Feierabend noch ein Text im Computer abgestürzt war und ich genervt nach Hause kam, dann war ich natürlich nicht begeistert, wenn ich schon in der Tür hörte: »Da bist du ja endlich. Ich hab' Kopfschmerzen. Henri muß gewickelt werden, und einkaufen konnte ich auch nicht, weil er so doof war.« Solche Abende mußten in die Hose gehen. Gesa hatte sich auf Entlastung und Zuwendung gefreut. Ich hatte erwartet, getröstet und mit einem tollen Abendbrot verwöhnt zu werden. An solchen Tagen standen wir dann wie belämmert da, stritten uns und hatten doch beide Recht und Unrecht zugleich.

Der Psychiater Martin Greenberg erläutert in seinem Buch »Ein Vater wird geboren« (Siehe Seite 150), daß viele Männer es nach der Geburt eines Kindes vermissen, selber noch »ein kleiner Junge« sein zu dürfen. Sie beklagen, ihre schwachen und verletzlichen Seiten nicht mehr so stark wie früher zeigen zu können. Früher, wenn sie sich schwach und hilflos, eben wie kleine Jungen, fühlten, wurden sie verständnisvoll getröstet. Das ist nach der Geburt von Kindern oft anders. Ganz einfach, weil ihre Frauen wegen der Babys jetzt weniger Zeit und Energie für ihre Männer aufbringen können. Sie haben schon ein Baby. Ein zweites brauchen sie nicht. Ich fand mich in dieser Beschreibung ganz gut wieder. Wenn es mir früher nicht gutging, war es für mich ganz selbstverständlich gewesen, daß mich Gesa tröstete und ich mich eben wie ein kleiner Junge fallen lassen konnte. Jetzt war da wirklich ein kleiner Junge, der unsere Kraft und Aufmerksamkeit brauchte. Das heißt nun nicht, daß Gesa mich kaltschnäuzig in Krisensituationen weinend vor der Tür liegen ließ. Wir schafften es schon noch, daß sich der eine beim anderen mal anlehnen konnte. Aber die Selbstverständlichkeit, mit der dies früher geschah, war unwiderruflich dahin. Was bedeuteten schon meine melancholischen Anwandlungen, wenn Henri Fieber hatte? Auch mit dieser Konkurrenz seitens des Kindes muß man umzugehen lernen.

Ich versuchte es. Grundsätzlich verstand ich mich als sogenannter »neuer« Mann, der sich so intensiv um sein Kind kümmert, wie es geht, und sich von nichts ausschließen will. Das gelang mir zwar nicht immer – aber immer öfter. Und ganz so schlecht schnitt ich im Vergleich zu anderen nicht ab. Immerhin kannten wir in unserem weiteren Bekanntenkreis eine ganze Menge Herren, die sich immer noch wie die hinterletzten Paschas aus den

50ern benahmen. Ohne rot zu werden, erzählten diese Penner, daß sie ihr Kind noch nie gewickelt oder gefüttert hätten, Säuglinge im allgemeinen doch ziemlich langweilig fänden, sich aber schon mächtig auf die späteren Fußballspiele mit ihrem Nachwuchs freuten. Ich war immer sprachlos, wenn ich so was mitbekam. Den Kerlen war einfach nicht zu helfen. Nun braucht ja nicht jeder gleich mit einem Tragetuch samt Baby zum Kegeln zu erscheinen. Aber wer so dämlich ist, daß er die Faszination seines eigenen Säuglings nicht erkennt, der hat für meine Begriffe schlichtweg einen Sprung in der Schüssel.

Nein, ich und auch die meisten meiner Freunde wollten das ganz anders machen. Wir »neuen« Väter versuchten, uns an der »Kinderarbeit« soviel wie möglich zu beteiligen, fühlten uns auch für das Wickeln, Zubettbringen

und andere alltägliche Dinge zuständig. Vor allem aber entwickelten wir auf diese Weise eine emotionale Beziehung, eine intensive Nähe zu unseren Kindern, die die Generation unserer Väter wohl noch nicht gekannt hat. Ich versuchte zum Beispiel, meine häufige Abwesenheit von zu Hause durch verschiedene Rituale auszugleichen, die hauptsächlich zwischen Henri und mir abliefen. Das ist bis heute so geblieben und hat sich als spezielle »Vater-Sohn-Connection« sehr bewährt. Jeden Morgen, wenn Henri aufwacht und sich meldet, stehe ich auf, gehe zu seinem Bett, begrüße ihn (»Morgen, altes Rauhbein!«) und nehme ihn auf den Arm. Dann gehen wir zurück in unser Schlafzimmer, legen uns zu Gesa ins Bett und kuscheln unter der Decke. Henri bekommt dann seine Flasche, wird ausgezogen und nach einer angemessenen »Nackt-Unter-Der-Decke-Tobe-Zeit« neu gewickelt. Und wenn ich noch so müde bin: Dieses morgendliche Ritual lasse ich mir nicht nehmen. Die Belohnung ist einfach zu toll. Abgesehen davon, daß Henri irgendwann anfing, »Babba« zu rufen, wenn er aus dem Bett wollte – sein kleiner dampfender Körper am frühen Morgen ist einfach das Wahnsinnigste, was man auf dem Arm halten kann. Selbst seinen morgendlichen Mundgeruch finde ich süß. Wirklich!

Es gibt noch andere Rituale. Abends, wenn ich nach Hause komme, tobe ich immer mit ihm und jage ihn durch die Wohnung, was ihm sehr viel Vergnügen macht. Manchmal sitzen wir auch ganz still vor dem Fenster, und ich erkläre ihm, was draußen vorgeht. Dann spielt Henri immer ganz versonnen mit den Haaren auf meinem Arm und zieht daran herum. Einfach klasse!

Daß ich ihn auch wickle, mit ihm bade, ihn meist mit Gesa zusammen ins Bett bringe, ist sowieso selbstverständlich. Man hat als berufstätiger Vater also eine Menge Gelegenheiten, sich seinem Kind intensiv zu widmen. Man muß nur wollen und nicht immer herumjammern, daß man sich ausgeschlossen fühlt. Viele Geschlechtsgenossen flüchten sich für meinen Geschmack zu leicht in die Rolle des unverstandenen Mannes, dessen Geliebte nur noch »Mutti« ist und mit dem Kind eine Bastion der totalen Zweisamkeit aufbaut. Das nicht zuzulassen, fordert allerdings Kraft, Engagement und manchmal viel Nerven. Denn keine Frau wird es auf die Dauer mitmachen, daß ihr Mann immer nur mit dem Kind spielt und seine Schokoladenseiten genießt, die unangenehmen Arbeiten aber ihr überläßt. Sich um sein Kind kümmern heißt eben auch, es zu wickeln, wenn es wie ein Berserker schreit und ihm der Kot schon aus dem Kragen quillt; heißt, auch mal nachts aufzustehen und es zu beruhigen oder eine Dreiviertelstunde an seinem Bett zu sitzen und Lieder zu grunzen. Nur, wer seine Frau wirklich entlastet, Zeit für sein Kind aufbringt und bereit ist, einen Anteil der Arbeit zu übernehmen, kann in meinen Augen ein echter Vater sein. Ich muß zugeben, daß mir das nicht immer leichtfiel. Manchmal am Wochenende dachte ich, daß Gesa doch wirklich etwas mehr Verständnis für mein Erholungsbedürfnis haben könnte, wenn ich schon wieder aufgefordert wurde, den schreienden Henri zu wickeln. Manchmal gab es dann doch Ärger zwischen uns. Aber ich hatte zumindest sehr selten das Gefühl, ausgeschlossen zu sein. Ganz einfach, weil ich es nicht zuließ und selbstverständlich meine Vaterrolle auszufüllen versuchte. Daß mir das mal besser und mal schlechter gelang, versteht sich von selbst.

Einigen »neuen« Vätern gelingt dies gelegentlich wohl zu gut. Zu perfekt und besitzergreifend dürfen die modernen Papis nämlich auch nicht sein. Der Sachbuchautor Hermann Bullinger schreibt in seinem Buch »Wenn Paare Eltern werden«. »Neue Mütter und neue Väter können sich auf vielfältige Weise in die Quere kommen. Beide konkurrieren miteinander um Mutterfunktionen. Neue Väterlichkeit bedeutet, eine intensive emotionale Beziehung zum Kind haben zu wollen. Das ist die hauptsächliche Motivation des Vaters zu einer anderen Gestaltung seiner Rolle. Die Lust von Frauen auf Mutterschaft macht sich an demselben Punkt fest. Das Kind soll neuen Lebenssinn stiften und einen wichtigen Bei-

trag zur eigenen Selbstverwirklichung leisten. Die Lust auf Mutterschaft verknüpft sich außerdem oft mit der Vorstellung, im Leben des Kindes die Hauptperson zu sein. Aus dieser Sicht wirken die Ansprüche der neuen Väter geradezu bedrohlich, da sie an etwas partizipieren wollen, das bisher ausschließlich den Frauen gehörte.«

Auch wenn das vielleicht etwas sehr allgemein und übertrieben klingt: Es ist meiner Ansicht nach schon was dran, an der »Bedrohlichkeit« der Männer, die versuchen, die besseren Mütter zu sein. Viele Frauen wollen Hilfe und Entlastung. Und sie wollen auch, daß ihre Männer und ihre Kinder sich verstehen, aber sie wollen die Hauptpersonen, die Nummer eins für das Kind bleiben. Ich kann das verstehen. Wenn eine Frau sich entschlossen hat, zu Hause zu bleiben und das Kind zu betreuen, dann will sie abends und am Wochenende – bei aller Freude über gelegentliche Entlastung – keinen Typen, der alles besser weiß und ihr das Kind förmlich entreißt. Was bleibt ihr denn, wenn sie nicht einmal zu Hause als Frau und Mutter souverän entscheiden und handeln kann, ohne von ihrem Mann bevormundet oder in Konkurrenzsituationen gebracht zu werden? Was ist denn nun richtig? werden Sie sich vielleicht jetzt fragen. Wo ist denn die Grenze zwischen echter Entlastung und unzumutbarer Konkurrenz? Wann freut sich die Frau über Hilfe und Anteilnahme? Und wann wird sie eifersüchtig auf die »männliche Zweitmutter«? Die Fragen sind natürlich nicht generell zu beantworten, das kann nur in jeder Zweierbeziehung individuell geschehen. Wichtig ist, so Hermann Bullinger, daß »... Mann und Frau ihre Konkurrenzsituationen nicht leugnen dürfen, wenn ihre Beziehung darunter nicht leiden soll.« Ein ideales Modell für die perfekte Vater- und Mutterrolle gibt es also nicht. Wie weit sich die jungen Eltern von traditionellen Rollenklischees entfernen wollen, sollte meiner Meinung nach vor allem von der Frage abhängen, inwieweit sich Mann und Frau überhaupt verändern wollen, oder ob sie sich nicht in bestimmten tradierten Verhaltensmustern beide durchaus wohl fühlen können. Was nützt es, sich krampfhaft zu einer »neuen« Mutter und zu einem »neuen« Vater entwickeln zu wollen, nur weil es »trendy« ist, im Grunde aber beide mit den übernommenen Rollen zufrieden wären? Das ist kein Plädoyer für Konservativismus. Wenn ich sehe, wie einige Männer sich an jeden alternativen Trend anhängen, nur um nicht als rückschrittlich zu gelten, dann wird mir manchmal recht sonderbar. Ich erinnere mich noch gut an die Diskussion über alternative Verhütung Mitte der 80er Jahre. Sehr richtig war damals die Erkenntnis, daß Verhütung nun wirklich nicht nur Frauensache ist. Aber daß einige meiner Geschlechtsgenossen sich nun berufen fühlten, demonstrativ zum »Hodenbaden« zu schreiten, fand ich nur lächerlich. Ab einer bestimmten Temperatur, so hieß es damals, würden die in den Hoden vorhandenen Spermien nämlich unfruchtbar (bis wieder Nachschub produziert ist, versteht sich.) Also ließen fortschrittliche Männer sich Sitzbäder mit heißem Wasser ein, badeten vor dem Geschlechtsakt ihre Hoden und hofften, nun einen entscheidenden Beitrag zur Verhütung geleistet zu haben. Ganz abgesehen davon, daß diese Methode als äußerst unsicher gilt: Ich fand sie vor allem lächerlich. Wie sieht denn das aus, wenn erwachsene Männer sich das Skrotum dünsten?

»Werden wir Spießer?«
Die Veränderung von Freundeskreis und Freizeitverhalten

Sonnabend nachmittag. Sommer. Blendendes Wetter. Wir beschlossen, Henri in ein Open-air-Konzert im Hamburger Stadtpark mitzunehmen. Er war damals eineinhalb. Die Sängerin und Pianistin Tori Amos sollte spielen. Deren dezente Pop-Balladen würden die empfindlichen Ohren unseres Kleinen wohl nicht zu arg peinigen, dachten wir. Also wollten wir es mal zu dritt versuchen. Immerhin hatten wir uns seit Henris Geburt Rockkonzerte und ähnlich hektische Veranstaltungen weitgehend verkniffen. Aber schließlich wollten wir keine Langweiler werden und schlossen uns einer Gruppe von Freunden an, die ebenfalls Tori Amos sehen und hören wollten. Die waren erstaunt. Oho, die jungen Eltern kamen also aus ihrem Schneckenhaus. Stolz fuhren wir los. »Denen zeigen wir mal, daß man auch mit Kind am gesellschaftlichen Leben teilnehmen kann«, tönte ich, als wir den Stadtpark erreichten. Kurz nach diesem waghalsigen Satz erbrach sich Henri hinten im Auto. Ihm war wohl wegen der bulligen Hitze und dem vielen Rumgekurve schlecht geworden. Ich stoppte. Wir säuberten Henri notdürftig, stritten uns ein klein wenig, weil ich Gesa die Schuld gab, daß sie kein Ersatz-T-Shirt für ihn mithatte und standen so in bester Stimmung im

Halteverbot. Parkplätze bei Open-air-Konzerten im Stadtpark gibt es nämlich nicht. Also ließ ich Gesa und den schon wieder quitschfidelen Henri aussteigen und in Richtung Eingang vorausgehen.

Das war der vielversprechende Beginn unseres ersten Konzertbesuches mit Kind. Ich fuhr dann etwa eine Stunde im Kreis herum und suchte verzweifelt eine Möglichkeit, den verdammten Wagen irgendwo abzustellen. Mittlerweile war mir auch übel, weil es im Wagen nicht allzugut roch. Irgendwann fand ich dann, etwa eine Million Kilometer entfernt, einen Parkplatz und machte mich zu Fuß auf den Weg in Richtung Stadtpark. Als ich endlich verschwitzt und furchtbar genervt ankam, war das Konzert bereits im Gange. Gesa und Henri hatten unsere Freunde gefunden, lagerten auf einer Decke und schienen bester Laune zu sein. Das besänftigte mich wieder etwas. Sollte dieser Tag doch noch ein Erfolg werden? Dann kackte Henri. Ich muß es so deutlich formulieren, weil »machte in die Windeln« nicht passen würde. Er hatte sich bis zur Halskrause eingekotet. Wir mußten ihn wickeln, und das haßt er gelegentlich sehr. Er schreit dann etwa so laut wie ein startender Jumbo-Jet. Nein, hat das Spaß gemacht, unter den mißbilligenden Blicke der Umstehenden sein Kind zu »mißhandeln«! Nach fünf Minuten war dann Ruhe. Das Konzert, so versicherte man uns, sei bisher recht schön gewesen. Ich blickte erstmals in Richtung Bühne und begann gerade, mich von Tori Amos Stimme in den Bann ziehen zu lassen, als Gesa mich am Arm zupfte und rief: »Henri haut ab. Ich kann ihn nicht aufhalten. Einer muß mit.« Ich übernahm die erste Wache und trottete hinter meinem Sohn her, der brabbelnd zwischen den Leuten herumkroch. Die meisten lachten, als er über ihre Beine und Füße krabbelte, und ich lachte gequält zurück. Eigentlich war mir zum Heulen zumute, denn dauernd mußte ich Henri Zigarettenkippen, alte Brot- und Würstchenreste und halbvolle Bierflaschen aus der Hand reißen. Irgendwann setzte er sich aber hin und guckte versonnen in Richtung Bühne. Wie schön, dann konnte ich ja auch mal sehen, wie es um das Konzertgeschehen stand. Nach etwa einer Minute trat ihm jemand auf die Hand. Sie werden jetzt vielleicht denken, daß ich aus dramaturgischen Gründen übertreibe – aber, nein, so war es. Es trat Henri tatsächlich jemand auf die Hand, worauf er folglich laut und anhaltend schrie. Bis auf das dezente Muster einer Sohle auf seiner Hand war nichts Schlimmes zu erkennen. Aber Henris Laune war nun unwiderruflich dahin. Ich trug meinen schreienden Sohn zu unserem Lager zurück, berichtete Gesa von unserem Mißgeschick, und wir beschlossen, Henri erst einmal draußen in Ruhe zu untersuchen. Dort beruhigte er sich ziemlich schnell wieder, weigerte sich aber konsequent und lautstark, wieder zu den bösen, tretenden Menschen gebracht zu werden, die da verzückt der Musik lauschten. Mit anderen Worten: unser gemeinsamer Konzertbesuch war damit beendet. Ich ging noch schnell hinein, um mich von unseren Freunden zu verabschieden. Die heuchelten Anteilnahme und Verständnis. Aber ich bin sicher, daß sie ganz froh waren, daß die drei Nervensägen jetzt endlich verschwanden. Ich nahm es ihnen nicht übel. Dann rannte ich raus zu Gesa und Henri, erklärte ihnen, daß ich den Wagen irgendwo in Sibirien abgestellt hätte, und daß es noch ein Sekündchen dauern würde, bis wir losfahren könnten.

Wir gingen dann erst einmal nicht wieder mit Kind in ein Konzert. Meister im »Nirgendwo-Hingehen« waren wir ja ohnehin schon. Ins Kino kamen wir nur sehr selten. Ebensowenig ins Theater. Nur bei Partys und Geburtstagen tauchten wir auf, wenn es irgend ging, um unsere Sozialkontakte nicht allzu sehr einzuschränken. Wir fanden allerdings nicht immer einen Babysitter. Mit anderen Worten: Unser Freizeitverhalten hatte sich entscheidend geändert. Zu seinem Nachteil – da gibt es nichts zu beschönigen. Das ist wohl bei allen jungen Eltern so, und daran muß man sich gewöhnen. Plötzlich werden die selbstverständlichsten Sachen zu Staatsaffären. Zumindest, wenn man sie gemeinsam machen will. Sonnabend um 20 Uhr zum Essen bei Freunden eingeladen? Früher wurde einfach zugesagt, und wir gingen hin. Jetzt hieß es, einen Babysitter finden (»Können wir Oma schon wieder fragen?«), Henris Nachtkleidung vorbereiten, ihn vielleicht bei weniger erfahrenen Aufpassern noch selber ins Bett bringen (und deshalb zu spät kommen) und für deren Abendessen und Videounterhaltung sorgen (man will es den Sittern ja angenehm machen). Und dann die ewige Frage, wie lang man denn nun wegbleiben kann. »Was meinst du«, hieß es dann nach dem Kino, »können wir noch etwas essen gehen?« »Na ja, ist schon fast halb zwölf. Besser nicht.« Dann stoppten wir in einem Drive-in und stopften uns einen Burger rein. Also blieben wir oft zu Hause und luden unsere Freunde zu uns ein. Das war immer sehr nett. Die Leute kamen gern. Immerhin kochten wir ja auch meist was Leckeres. Aber mit der Zeit verbraucht sich diese Art der Freizeitgestaltung etwas, wenn man sie überstrapaziert. Man will ja mit Freunden etwas erleben, auf die Piste gehen, mal woanders essen. Hinzu kam, daß wir auch am Wochenende ab 23 Uhr körperlich und geistig merklich nachließen. Besonders in der Zeit, als Henri noch nicht durchschlief, wurde ich manchmal so hundemüde, daß ich mich nur mit Kneifen und anderen Selbstquälereien wach halten konnte. Wenn ich etwas trank, war es noch schlimmer. Mein Freund Mark behauptet, ich hätte einmal abends nach einem Glas Rotwein ausgesehen wie ein drogensüchtiges Kaninchen. Ich

erinnere mich im Zusammenhang mit vorzeitigem Schlappmachen gut an einen ganz besonderen Abend. Da wollte Gesa nur mal schnell hoch zu Henri, um ihn zu beruhigen. Sie kam nicht wieder runter. Ganz einfach, weil sie oben bei unserem Sohn in einem Sessel eingeschlafen war. Ich saß derweil verkrampft plaudernd unten mit unseren Gästen und wunderte mich über die Unverfrorenheit meiner Frau, einfach ohne Abschied ins Bett zu gehen.

Die Leute bemerkten unsere nachlassende Leistungsfähigkeit natürlich und begannen, sich heimlich noch etwas für den späteren Abend vorzunehmen, wenn sie bei uns eingeladen waren. Das war ein tolles Gefühl! Wenn wir ins Bett gingen, ging woanders die Post ab. Aber irgendwann merkte ich, daß Gesa und mir das nach und nach immer weniger ausmachte. Unsere Bedürfnisse begannen sich zu verändern. Nächte durchzumachen und als Letzter auf Feten herumzuhängen (früher ein Muß), war mir plötzlich nicht mehr so wichtig. Das Wochenende hatte auf einmal andere Schwerpunkte: das gemeinsame ausgedehnte Frühstück, mit Henri spielen, mit Gesa kochen, abends Freunde einladen. Was in Hamburgs In-Läden passierte, interessierte mich immer weniger. Heißt das, daß wir Spießer wurden? Daß wir unsere Zeit hauptsächlich im trauten Heim verbrachten, statt wegzugehen und das pulsierende Großstadtleben zu genießen? Wenn Sie so wollen – ja! Aber glauben Sie mir: Man fühlt sich weniger schlecht dabei, als man denkt, zumindest wenn man Spaß am Eltern-Sein hat und entdeckt, was man alles stattdessen machen kann. Natürlich übertrieben wir's nicht. Unsere Eltern und Ducken und

Ruth paßten regelmäßig auf Henri auf, so daß wir ab und zu was unternehmen konnten. Außerdem gingen wir gelegentlich allein weg, so daß jeder sich auch mal ohne Familie – wie früher – amüsieren konnte. Aber selbst dann war es eben doch nicht ganz so wie früher. Manchmal ertappte ich mich während einer Feier bei einem verstohlenen Blick auf die Uhr und der Überlegung, ob es jetzt nicht Zeit für mich wäre. Henri würde ja morgen um 7 Uhr wach sein und seinen besoffenen Vater niemals weiterschlafen lassen, sondern ihm stattdessen zum Aufwachen ein Auto gegen die Stirn donnern. Das heißt nicht, daß ich mich abends nicht amüsieren konnte. Aber ich wußte eben, daß der Tag auch am Wochenende sehr früh begann, und verließ so manche Feier früher als vor meiner Vaterschaft. Wir machten aus der Not eine Tugend. Statt auszuschlafen, lümmelten wir mit Henri so lange in unserem Bett herum, wie es ging. Das war immer sehr gemütlich und oft sehr lustig. Mit seinem Sohn eine Kissenschlacht zu machen oder unter der Decke fangen zu spielen, kann durchaus die versäumten letzten Stunden einer Party ersetzen. Manchmal ratzte Henri sogar wieder ein, und wir taten es ihm sofort gleich. Das war jedesmal ein Fest. Noch eine halbe Stunde schlafen. Wahnsinn! Irgendwann gab Henri dann das Zeichen, daß jetzt gefrühstückt werden sollte. Er krabbelte aus dem Bett, rüttelte am Schutzgitter vor der Treppe und grölte: »Namm, namm.«

Wir arrangierten uns also mit den neuen Gegebenheiten. Unsere Freizeitgestaltung mußte den Bedürfnissen des Kindes und den daraus resultierenden Sachzwängen angepaßt werden. Das war eben so. Punkt. Deswegen dauernd rumzujammern, bringt einen auch nicht weiter. Wir gewöhnten uns ziemlich schnell an die neue Ära. Ein Knackpunkt ist allerdings die Frage, wie die Freunde auf die neue »Freizeitpolitik« reagieren. Bei uns war das sehr unterschiedlich. Problematisch war es besonders bei einigen Paaren, die (noch) keine Kinder hatten. Sie zogen sich ganz einfach nach und nach zurück, und schließlich nach ein paar Monaten, herrschte völlige Funkstille. Es nervte sie, daß wir abends weniger Zeit hatten, daß das Kind fast immer dabei war, daß sie bei uns nicht rauchen durften, daß wir sehr viel weniger spontan sein konnten und unsere Interessen sich um ein wichtiges Thema, nämlich die Elternschaft und die damit verbundenen Freuden und Probleme, erweitert hatten. Offen ausgesprochen wurde das nie. Aber die Entfremdung war irgendwann nicht mehr zu kaschieren. Vor allem konnten sie nichts mit Henri anfangen. Kinder, ob nun unseres oder andere, interessierten sie ganz einfach nicht. Also sah man sich eben nicht mehr. Bei zwei, drei Leuten tat mir das schon weh. Zum Glück war es bei den wirklich wichtigen Freunden anders. Auch wenn sie keine Kinder hatten, versuchten sie, an unsrem neuen Leben teilzunehmen, paßten sich der gewandelten Situation an und kritisierten uns zum Glück auch, wenn wir allzu »kinderduselig« wurden. Marion zum Beispiel erklärte manchmal schon zu Beginn eines Besuches, daß Kinderthemen heute Abend nur zu 30 Prozent erlaubt seien. Außerdem entwickelte sich auch zwischen den uns treu gebliebenen Freunden und Henri meist ein gutes Verhältnis, so daß viele Leute regelrecht ungeduldig wurden, wenn sie Henri längere Zeit nicht sahen. Am Telefon hieß es dann am Wochenende manchmal: »Wollen wir heute nach-mittag zusammen Kaffee trinken? Wir müssen einfach den Dicken wieder mal sehen.« Einige gingen sogar gern ohne uns mit Henri spazieren, weil er ohne Mama und Papa noch zugänglicher war und ständig seine beliebten Kunststücke wiederholte. Ja, und dann gab es noch Freunde von mir, die überhaupt nichts mit Kindern – auch nicht mit Henri – anfangen konnten, aber trotz-dem meine Freunde blieben. Wir sahen uns nicht mehr so oft wie früher, aber wir hielten Kontakt, trafen uns eben allein und bewiesen, daß auch junge Väter und Kinderlose Männerfreundschaften aufrecht erhalten können. Das ist gar nicht so selbstverständlich und ba-nal, wie es vielleicht klingt. Ich kenne genug Leute, deren Freundeskreis sich nach der Geburt ihrer Kinder zu 100 Prozent geändert hat. Die sahen plötzlich nur noch Men-schen mit Kindern. Das ist doch schrecklich! Wenn man sich wirklich schätzt, dann findet man trotz der unter-schiedlichen Lebenswelten immer mal Zeit, sich zu tref-fen und alte Freundschaften zu pflegen. Es müssen nur beide Seiten wollen. Das kostet manchmal Kraft und viel Geduld, aber es geht. Kaum etwas testet eine Freund-schaft härter, als wenn einer der Beteiligten Vater wird. Da zeigt sich, wieviel so eine Beziehung unter Männern taugt.

Ergänzen muß ich noch, daß ich es natürlich nicht gene-rell ätzend finde, wenn sich Familien mit Kindern tref-fen. Auch wir haben jetzt viel mehr Kontakt zu Leuten mit kleinen Kindern, und einige von ihnen sind zu wirk-lich guten Freunden geworden. Was mich stört, ist ledig-lich die resignierte Selbstverständlichkeit, mit der viele junge Eltern ihren alten Freundeskreis kampflos aufgeben, und sich nur noch mit anderen Vätern und Müttern befreunden. Diesen Automatismus finde ich traurig. Natürlich ist es grundsätzlich sehr naheliegend, sich mit anderen Eltern zu treffen. Man hat die gleichen Probleme, die gleichen Freuden, einen ähnlichen Tag- und Nacht-Rhythmus, interessiert sich gemeinsam für die Beschaffenheit von Spielplätzen und das Programm des Kindertheaters, stößt meist auf ein deutlich höheres Verständnis für Lärm, Herumgeschreie und andere kinderspezifische Verhaltensweisen und muß vor allem nicht ständig erklären, daß hier bitte nicht geraucht oder dem Kind bitte keine Bonbons angeboten werden sollen. Zwischen jungen Eltern gibt es ein stilles Grundverständnis für die besondere Lage, in der man sich befindet. Man weiß eben, was man – bei aller Begeisterung für die Kinder – gelegentlich mitmacht. Trotzdem wäre dieses Grundverständnis für mich nicht ausreichend, um mich mit jemandem zu befreunden. Auch wenn sie Eltern sind, muß ich die Leute sympathisch finden, ein paar gemeinsame Interessen und Gesprächsstoff haben, der über Windeln und Stillprobleme hinausgeht. Sonst würde ich wahnsinnig werden. Für Mütter ist das manchmal noch problematischer. Um in der Woche überhaupt mal rauszukommen, gehen viele Frauen zu sogenannten Krabbelgruppen, die von der Gemeinde, von Kirchen oder auch privat organisiert werden. Dort treffen sich die jungen Mütter aus der gleichen Gegend, trinken Kaffee und lassen ihre Kinder miteinander spielen. Das kann sehr nett sein, sagt Gesa. Aber oft genug treffen dort eben auch Frauen aufeinander, die nichts, aber auch gar nichts, miteinander gemeinsam haben, außer daß sie eben Mütter sind. Ja, und da sitzen sie dann, halten verkrampften Small-Talk ab (»Reichen sie mir noch einmal die Milch, Gerda?«) und denken im stillen »Was redet die blöde Kuh da bloß für einen unsäglichen Mist«. Kein Wunder, daß einige Frauen lieber allein zu Hause bleiben oder sich an ihre kinderlosen Freundinnen halten.

Den Kontakt zu Kinderlosen finde ich auch deshalb so wichtig, weil er einem hilft, nicht total von normalen Menschen zu Nur-Noch-Eltern zu mutieren. Gelegentlich muß man einfach darauf hingewiesen werden, daß man sich seltsam benimmt, sonst verliert man den Sinn für die Sichtweise der anderen Welt ohne die kleinen Racker. Ich erinnere mich gut an die Zeit, als wir noch keine Kinder hatten. Was haben wir uns oft über bestimmte Verhaltensweisen von befreundeten Eltern aufgeregt. Da saß man beim Essen zusammen und unterhielt sich bestens. Aber wenn einer der kleinen Scheißer

nur einen Mucks machten, drehten sich Mama und Papa sofort um und widmeten alle Aufmerksamkeit dem Kind. Das aktuelle Gespräch war ihnen dann total egal. Manchmal vergaßen sie sogar, daß wir gerade heiß über die Hamburger Hafenstraße diskutiert hatten und erzählten nach dem abrupten Ende der Diskussion anschließend, daß die kleine Paula gestern etwas ganz Süßes gemacht hatte. Das konnte mich wahnsinnig machen. Genau wie die Angewohnheit, während eines gemeinsamen Abendessens den wieder aus dem Bett geschlichenen Nervensägen auf nörgelndes Betteln großzügig eines der gerade fertigen Filetsteaks anzubieten, an dem die dann lustlos herumsabberten. Das Resultat war, daß alle Erwachsenen von ihrem Stück Fleisch etwas abschneiden mußten, damit die sich zierenden Eltern (»Ach, laßt doch«) auch etwas essen konnten. Nun mißgönne ich Kindern nicht das Essen. Aber in dem eben beschriebenen Fall hatten die Kinder bereits zu Abend gegessen und waren pünktlich ins Bett gebracht worden, damit die Erwachsenen einmal in Ruhe essen konnten. Kaum tauchten die Kleinen jedoch wieder auf, wurde nicht einmal der Ansatz eines Versuches gemacht, sie zurück ins Bett zu schicken. Nein, statt dessen durften sie im Filetsteak und dem nicht gerade in Unmengen vorhandenen frischen Spargel herumwürgen, bis ihnen schlecht wurde. Einmal erlebte ich bei den Vorbereitungen eines Essens mit jungen Eltern sogar, daß ein kleiner Junge einen Teil seines Champignon-Rühreis nach einer kurzen Verweildauer im Mund auf seinen Teller zurückspuckte. Der Vater nahm diesen »vorverdauten« Rest und schüttelte ihn wieder in die auf dem Herd brutzelnde Pfanne für das Abendessen. Auf meine Proteste, daß dies ja wohl ekelhaft sei, erntete ich völliges Unverständnis. »Was hast du denn? Stell dich doch nicht so an, das ist doch von einem Kind.« Es dauerte wirklich eine Zeit, bis der Vater einsah, daß die kindlichen Speisereste nicht in das Essen anderer gehörten. So was kann man in seiner Küche zelebrieren, wenn man allein ist.

Auch ich ertappte mich nach Henris Geburt bei Verhaltensweisen, die ich früher vehement abgelehnt hatte. Oder besser gesagt: Ich ließ mich dabei von Freunden ertappen. Ich unterbrach Gespräche, nur weil Henri kicherte. Ich lachte mich kaputt, wenn er eine Kartoffel in seinem Wasserglas zermatschte und den schmierigen Brei auslöffelte, während andere würgten. Ich erzählte stundenlang von seinen Fortschritten und langweilte damit den einen oder anderen Gast. Eine Unsitte junger Eltern vermied ich jedoch konsequent. Wenn wir irgendwo zu Gast waren, fühlte ich mich für das verantwortlich, was Henri tat und hinderte ihn daran, Stereoanlagen zu betatschen, in Videorecorder zu greifen, Kassetten zu zerstören oder Teppiche einzusauen. Sowas hatte mich früher immer fertiggemacht, wenn wir Leute mit Kindern zu Gast hatten. Einige Eltern griffen gar nicht ein, wenn ihre Kleinen die Einrichtung zerlegten. Sie standen auf dem Standpunkt, der jeweilige Gastgeber müsse den Kleinen die Grenzen zeigen und Verbote aussprechen. Damit aber sind Kinderlose hoffnungslos überfordert. Sie wissen nicht, welchen Ton sie anschlagen müssen, wie laut sie werden dürfen oder wie Kinder überhaupt zur Einsicht zu bringen sind. Ich bin der Meinung, daß immer die Eltern diese Aufgabe haben. Man kann nicht von Leuten, die man besucht, erwarten, daß sie einem die Kinder erziehen. Gesa sieht das ähnlich, findet aber, daß ich gelegentlich übertreibe. Wenn wir in einem Lokal essen, gehe ich nämlich lieber mit Henri raus und lasse mein Essen kalt werden, als den anderen Gästen sein Gegröle zuzumuten. Meine Frau meint, ich würde das regelmäßig zu früh tun. Ein bißchen Lärm könnten die Leute schon vertragen. Ich leide in solchen Fällen immer sehr. Nie vergessen werde ich den Rückflug von einem Urlaub aus Lanzarote. Da fing Henri kurz nach dem Start an zu schreien und hörte etwa eine Stunde lang nicht mehr auf. Wir wurden beide fast wahnsinnig. Vor allem, weil neben uns ein Ehepaar saß, das schon gnatzig guckte, als Henri sie noch giggernd an- lächelte. Nach einer halben Stunde hockte ich dann mit meinem schreienden Sohn vor dem Notausgang direkt beim Cockpit und ließ mich von den mitleidigen Blicken der Stewardessen trösten.

»Mein Kind und das Kind in mir«

Eine Reise in die Vergangenheit

Ich versuchte zu schlafen. Alles war gut. Gesa und Henri lagen neben mir. Es war die Nacht seiner Geburt. Endlich zu Hause. Ich hörte seinen leisen Atem, seine kleinen Seufzer und die schmatzenden Geräusche seines winzigen Mundes. Jetzt waren wir also eine Familie. Eine seltsame Mischung von intensiven Gefühlen hielt mich wach. Freude, Glück, aber auch eine sentimentale Nachdenklichkeit. Immerhin war heute unwiderruflich ein Lebensabschnitt zu Ende gegangen – ich nahm endgültig Abschied von meiner Kindheit. Jetzt war ich nicht mehr nur Sohn meiner Eltern, sondern Vater eines kleinen Jungen, genau wie mein eigener Vater es einmal gewesen war. Bilder schossen mir durch den Kopf, Bruchstücke von Erinnerungen an meine Kindheit: Mein Bruder und ich auf dem Sofa. Im Schlafanzug. Wir gucken mit meinen Eltern »Pater Brown« mit Heinz Rühmann. Mein Vater raucht Pfeife. Meine Mutter schält eine Apfelsine, teilt sie und gibt jedem eine Hälfte. Meine Schwester Cornelia. Sie ist sauer, weil wir etwas von ihrem Weihnachtsteller geklaut haben. (Sie hortete Marzipan und Schokolade immer bis weit in den März hinein.) Dann Cornelia, wie sie uns ein Märchen vorliest. Ducken und ich sind kicherig. Cornelia verspricht sich. Sie sagt »Aschenbrösel«. Wir lachen uns kaputt. Wir toben bei meinen Eltern im Bett. Geborgenheit und Liebe. Dann Erinnerungen an Streit. »Hornochse« schreit mein Vater. »Bin kein Hornochse«, schreie ich zurück. Mein Vater holt aus. Stoppt den Schlag kurz vor meinem Gesicht und schlägt mit der flachen Hand auf mein Bein. Es klatscht. Es tut weh. Er schlägt uns sonst nie. Ich bin tief gekränkt. Mein Papa darf mir nicht weh tun. Am nächsten Tag sagt er, daß es ihm leid tut. »Du hast mich so gereizt, mein Junge.« Und gibt mir die Hand – wie einem Mann. Ich verzeihe ihm. Dann meine Mutter. Sie weint, weil Ducken von der Teppichstange gefallen ist. Auf den Kopf. Er muß ins Krankenhaus. Er

ist ganz bleich. Schweiß steht ihm auf der Stirn. Er schwitzt sonst nie so. Ich verstehe nichts. Er bleibt zwei Wochen in dem Haus mit den vielen Betten. Meine Mutter drückt mich, küßt mich. Ich bin doch nicht gefallen, Mama.

Ich ließ die Erinnerungen vorbeiziehen. Gute und schlechte. Was würde Henri später für Erinnerungen haben? Was für ein Vater würde ich für ihn sein? Ich nahm mir soviel vor. Nie würde ich ihn schlagen. Das ganz sicher nicht. Wir sind – von kleinen Affekt-Ohrfeigen meiner Mutter und dem einmaligen Ausflippen meines Vaters abgesehen – nie geschlagen worden. Auch dafür bin ich meinen Eltern dankbar. Andere meiner Generation kannten noch den Rohrstock, der oben auf dem Schrank lag und bei Regelverstößen mit kalter Scharfrichterattitüde heruntergeholt wurde. »Das tut mir mehr weh als dir, mein Sohn«, log Herr M. immer und schlug kräftig zu.

Nein, ich wollte ganz anders sein. Ich würde meinem Sohn ein zärtlicher Vater sein. Henri sollte sich behütet, beschützt fühlen, aber auch lernen, seinen eigenen Weg zu gehen. Das hört sich trivial an – wie aus einem billigen Erziehungshandbuch, aber so dachte ich nun mal. Vor allem sollte er keine Angst vor mir haben. Ich liebe meinen Vater. Aber ich hatte als Kind auch manchmal Angst vor ihm. Weil er schnell explodierte. Es passierte eigentlich fast nie etwas. Aber wir wußten, es könnte etwas passieren, wenn er mal richtig ausflippen würde. Ich bin genauso. Und das wollte ich mir für Henri abgewöhnen, weil ich eben das an meinem Vater früher nicht mochte. Ich habe ihn immer bewundert, weil er so souverän und selbstsicher war. Seinen gelegentlichen Jähzorn hätte er gar nicht nötig gehabt. Aber da ich genau den von ihm geerbt habe, weiß ich, wie schwer es ist, nicht rumzuschreien, wenn es gerade so schön befreiend ist, genau das zu tun. Als Opa ist mein Vater heute übrigens die Ruhe selbst. Henri darf sogar seine Aquarellpinsel vom Tisch schmeißen oder ihm Brei auf die Hand rotzen.

Es ging mir noch sehr häufig so, daß ich an meine eigene Beziehung zu meinen Eltern dachte, wenn ich mich mit Henri beschäftigte. Ich blätterte in alten Fotoalben und sah meine Eltern in genau den gleichen Posen, wie wir jetzt mit Henri. Ich auf den Schultern meines Vaters. Ducken auf die Terrasse pinkelnd. Meine Eltern lachend. Offene Münder, in die Brei gestopft wird. Wie sich die Bilder gleichen – Reisen in die Vergangenheit, die auf einmal durch Henri wieder so präsent wurde.

Wenn ich meinen Sohn nach einem Sturz tröstete, sah ich mich plötzlich schluchzend auf dem Arm meiner Mutter sitzen. Wenn ich ihn ausschimpfte, hörte ich in Gedanken die Stimmen meiner Eltern. Bestimmt bin ich damals, vor 33 Jahren, genauso glücklich lachend in die Arme meiner Eltern getorkelt, als ich das Laufen lernte, wie Henri es bei uns getan hatte. Der Kreis schloß sich. Auch in Sachen Familientradition. Mein Urgroßvater war Pauker in einem Sinfonieorchester. Mein Vater war Schlagzeuger in einer Jazzgruppe. Ducken und ich spielen beide Schlagzeug, und Henri sieht schon fasziniert zu, wenn ich mit den Fingern den Rhythmus zu einem Lied auf dem Tisch trommle und klopft munter mit. Dann sehe ich immer meinen Vater vor mir, wie er auf seiner Tabakdose die Finger tanzen ließ, und wir drei

Kinder staunend dabeisaßen und versuchten, ihn nachzuahmen. So haben wir Schlagzeug spielen gelernt.
Henri wird es vielleicht auch lernen wollen. Ich bin ziemlich sicher. Immerhin habe ich eines in unserem Haus
stehen, und damit kann man jede Menge Lärm machen.
Und das lieben alle Kinder.

Je älter Henri wurde, desto deutlicher merkte ich, wie ich
als Vater immer wieder meinen Vater imitiere. Ich spielte
mit Henri, so wie er mit uns gespielt hatte. Ich machte
die gleichen »Monster-Geräusche«, wenn ich ihn durch-
kitzelte. Ich machte ähnliche Witze. Intuitiv scheint man
genau die Dinge mit seinen Kinder zu tun, die man selber als Kinder so gemocht hat. Ja, und die Dinge, die
man als Kind gehaßt hat, die versucht man natürlich zu
vermeiden. Was leider nicht immer gelingt. Manchmal,
wenn Henri mich reizte, ich ihn anschrie, er mich daraufhin mit großen Augen anguckte und losheulte, dann
dachte ich sofort: »Du wolltest doch dein Kind nicht wegen jeder Lappalie anschreien.« Und doch passierte es
mir wieder.

Und dann die Sache mit der Angst. Meine Mutter hatte
ständig Angst um uns. Dauernd machte sie sich Sorgen

und ermahnte uns zur Vorsicht. Überall sah sie Gefahren-quellen. Ein Fenster? Nicht zu dicht ran, ihr könntet ja rausfallen. Selbst als wir fast erwachsen waren, konnte sie erst einschlafen, wenn sie nachts den Schlüssel hörte und wußte, daß jetzt jeder wohlbehalten angekommen war. Ich ertappte mich immer wieder dabei, daß ich anfing, Henri auf die gleiche Weise zu behandlen. Auf einmal verstand ich meine Mutter so gut. Ging er eine Treppe herunter, sagte ich jedesmal »Vorsicht«, obwohl er schon vorsichtig war. Wenn er irgendwo hochkletterte, stand ich zitternd und mit auffangbereiten Armen unter ihm, bis er schließlich so ängstlich wurde, wie ich es ihm sug-gerierte. Gesa versucht bis heute, mir meine andauern-den Angstausbrüche abzugewöhnen. »Das Kind soll nicht so ein Schisser werden wie du«, sagt sie immer mit brutaler Offenheit, wenn ich schon fünfhundert Meter vor einem herannahenden Hund meinen Sohn hoch-nehme, damit auch nicht die geringste Gefahr besteht. Ich tue aber mein Bestes, um mich angsttechnisch zu-sammenzureißen.

Noch in einer ganz anderen Hinsicht reaktivierte Henris Existenz das Kind in mir. Ich begann mich wieder massiv für Spielzeug zu begeistern. Stundenlang blätterte ich in den Katalogen für sauteure Holzeisenbahnen, stöberte in Kaufhäusern herum und durchforstete Anzeigenblätter, um vielleicht einen günstigen Coup zu landen. Eigent-lich hatten wir uns vorgenommen, ihm nur sehr gezielt Spielzeug zu schenken. Henri sollte nicht solche Massen bekommen wie andere Kinder. »Das kann er ja sowieso nicht alles würdigen«, tönten wir und beschlossen, »ver-nünftig« zu schenken. Es hat natürlich nicht geklappt.

Dafür machte es einfach zuviel Spaß, einzukaufen und Henris Begeisterung zu erleben. Ich begann auf einmal wieder, die Welt mit Kinderaugen zu sehen. Ein Auto, das auf Knopfdruck blinkt und Lärm macht? Klasse! Müssen wir haben. Ein Müllwagen, mit dem »Mann« sogar kleine, naturgetreue Tonnen entladen kann? Wahn-

sinn, wo Henri und ich doch jeden Freitag begeistert den Müllmännern zusehen. Gesa mußte mich bremsen. Dafür kaufte sie zwischendurch immer mal wieder kleine Jeans, eine Original-Trachtenjacke und ähnlichen Schnickschnack, in dem Henri allerdings wirklich spitzenmäßig aussah. Und selbst wenn wir uns beherrschten, dann kamen eben die Omis und Opis und Geschwister mit den wahnwitzigsten Sachen an, und packten begeistert unter Henris Gejohle Pakete aus. Irgendwann stoppten wir den Kaufrausch allerdings mit Nachdruck und versteckten sogar einige der Sachen, damit unser Zwerg sich überhaupt noch auf irgendetwas konzentrieren konnte.

Manchmal, wenn ich ihm beim Spielen zusehe, überlege

ich, was wohl mal aus diesem kleinen Kerl werden wir. Welche Charaktereigenschaften wird er haben? Welche Talente? Welche Schwächen? Eines steht fest. Nach allem, was wir bisher von ihm wissen, wird er ein äußerst humorvoller Mensch werden. Immerhin lacht er sich ständig kaputt und macht dauernd Quatsch. Das finde ich schon mal ungeheuer wichtig. Mit humorlosen Menschen kann ich praktisch gar nichts anfangen. Ansonsten deutet noch nichts auf besondere Fähigkeiten unseres Sohnes hin. Weder erweist er sich bisher als Sprachtalent, noch zeigt er sich als übermäßig geschickter Konstrukteur von Türmen. Aber wir wollen ja auch kein Wunderkind. Die sollen so selten glücklich sein. Wir hatten uns vorgenommen, Henri möglichst zu nichts zu zwingen, aber dennoch dezent strukturierend seine Entwicklung zu beeinflussen. Unsere Eltern hatten das genauso gemacht. Wir selber entschieden ab einem bestimmten Alter, ob wir eine höhere Schule besuchen oder aber lieber eine Lehre machen wollten. Auch unsere Leistungen in der Schule wurden weitgehend als unsere Sache betrachtet. Immerhin sei es unser Leben, meinten unsere Eltern, und damit hatten sie verdammt recht. Bei Henri wollen wir es ähnlich halten. Nun mag es vielleicht absurd klingen, angesichts eines Kleinkindes bereits über Berufsperspektiven zu spekulieren. Aber man denkt als Eltern viel häufiger über die Zukunft nach als früher. Immerhin muß man sich ja auch schon bei Beginn der Schwangerschaft um einen Kindergartenplatz bewerben.

Solche mentalen Reisen in die eigene Vergangenheit unternehme ich immer wieder. Mal erinnert mich ein Spielzeug an früher, mal eine Geste oder ein Wort von Gesa, das sie an unseren Sohn richtet. Ich hoffe, daß ich mir diese gelegentliche kindliche Sichtweise noch lange erhalten kann. Denn viel zu viele Menschen vergessen meiner Ansicht nach, wie sie als Kinder gefühlt haben, was sie verletzt und gefreut hat, welche Ängste, Hoffnungen und Träume sie hatten. Nur wer sich daran zu erinnern versucht, wird sein Kind letztendlich richtig verstehen können, glaube ich. Ich gebe mir in dieser Hinsicht alle Mühe. In den Spielwarenabteilungen großer Kaufhäuser verwandele ich mich zum Beispiel regelmäßig ohne große Schwierigkeiten wieder in einen Zehnjährigen. Das ist doch schon mal was.

»Das Hotel-Fiasko«
Urlaub mit Kind

Ach was, den Kleinen nehmen wir mit.« Fast alles lief so blendend mit Henri, daß wir – kaum war er acht Monate – auch schon einen längeren Urlaub planten und uns von Warnungen, wie schwierig das mitunter sei, gar nicht weiter verunsichern lassen wollten. Immerhin galt unser Sohn als pflegeleicht, offen gegenüber Fremden und prinzipiell gut gelaunt. Da wäre es doch gelacht, wenn das in Österreich anders sein sollte. Da wollten wir nämlich hin. In ein Hotel, das der Familie meines Freundes Paul gehört, und von dem aus man »wunderbare Touren machen könne«, wie dieser uns versicherte. Wir buchten, packten unseren Wagen und fuhren los. Im Gepäck hunderttausend Windeln, Spielzeug und natürlich Henris biodynamische Babynahrung. Wir wußten ja nicht, wo wir das nächste Mal unseren Vorstellungen entsprechend »kindgerecht« einkaufen konnten.

Anfangs lief alles ganz harmonisch. Unser Sohn saß mopsfidel hinten in seinem Kindersitz, spielte mit seinem Teddy und lallte fröhlich herum. Irgendwann schlief er ein, und wir fanden es beide »echt problemlos«, mit Kind »einen Autourlaub durchzuziehen«. Dann wachte Henri auf und war wie verwandelt. Der Kindersitz beengte ihn, er hatte Hunger, und zu warm war es ihm auch, wie sein feuchter Rücken unmißverständlich dokumentierte. Also schrie er, und wir machten unsere erste Pause nach zwei Stunden. Henri wurde gefüttert, umgezogen, und wir aßen auch etwas. Dann ging's weiter. Zwei Stunden später wurde – »Uäääh!« – die nächste Pause fällig –, und so ging es die ganze Zeit weiter. Wir hatten Henris Duldungsfähigkeit etwas überschätzt. Wenn er nicht gerade tief schlief, war er es schnell leid, allein hinten in seinem Sitz zu hocken und zu schwitzen. Also setzt sich Gesa nach hinten und versuchte, durch allerlei Späße und das Reichen von kleinen Leckereien die Intervalle zwischen den Pausen zu vergrößern. Was leidlich gelang. Schließlich gewöhnten wir uns an Henris Rhythmus. Auf diese Art entwickelten wir uns zwar nicht gerade zu Kilometerfressern, waren aber immer sehr entspannt in unserem Auto. Kein Wunder bei so vielen Pausen! Wir brauchten drei Tage bis nach Kärnten. Die Nächte verbrachten wir in kleinen Gasthöfen. Wir nahmen stets ein Doppelzimmer und legten Henri in die Mitte. Nein, sah das gemütlich aus: die ganze Fa-

milie in einem Bett. Sehr kuschelig. War es aber nicht. Henri rutschte ständig aus der Besucherritze zu einem von uns herüber, wurde pro Nacht etwa vier- bis fünfmal wach und mußte dann mühsam wieder in den Schlaf gesungen werden. Manchmal beschloß er auch, um sechs Uhr morgens ganz wach zu bleiben. Wir kamen also immer sehr zeitig los.

Das Hotel war nicht so toll, wie es uns geschildert worden war. Seine besten Tage hatte es augenscheinlich schon hinter sich und versprühte den morbiden Charme der k. u. k.-Monarchie. Trotzdem beschlossen wir, uns wohl zu fühlen. Immerhin wurden wir von der Mutter meines Freundes herzlich empfangen. Paul selbst war nicht da. Er habe dringend für eine Recherche nach Amerika müssen, hieß es bedauernd, und er käme so bald auch nicht zurück. Na, prima, dachte ich: Kein Fremdenführer, keine Insidertips. Pauls Bruder, ein Jäger (was ich prinzipiell ätzend finde), leitete das Hotel, seine Mutter war die graue Eminenz, die immer mal wieder auftauchte und fragte, ob's denn genehm sei. Na ja, so ganz genehm war's nicht. Der versprochene Fernseher auf dem Zimmer war nicht vorhanden. Und einen Fernseher wollte ich. Immerhin bin ich Journalist, da muß ich wissen, was in der Welt vor sich geht. »So, so«, sagte Gesa. »Und warum liest du dann nur nach, welche Spielfilme abends laufen?« Nun gut, ich gebe zu, einen schönen Film am Abend verachte ich auch nicht, natürlich nach den Nachrichten, versteht sich.

Gesa sollte allerdings bald zugeben, daß eben dieser Fernseher unsere Rettung vor der totalen Langeweile bedeutete. Aber der Reihe nach. Die erste Nacht verbrachten wir recht harmonisch. Henri hatte ein Kinderbett, fühlte sich darin wohl, und wir schliefen in den viel zu weichen Betten trotzdem gut. Es war richtig toll, einmal nicht bei jeder Bewegung Gefahr zu laufen, den kleinen Zwerg zu wecken.

Am nächsten Morgen am Frühstücksbuffet stellten wir fest, daß das Durchschnittsalter der Gäste dieses Hauses etwa 84 Jahre war. Ein Rentnerhotel! Andere Familien mit Kindern gab es nicht, auch keine kinderlosen Leute in unserem Alter. Warum hatte mir Paul verschwiegen, daß es sich bei ihrem Hotel offensichtlich um ein Pensionärsheim handelte? Das Buffet war schlicht. Henri

mampfte trotzdem mit Begeisterung seine Brötchen und hatte Bombenlaune, weil ihm ständig alte Damen zuzwinkerten und ihn gelegentlich zwickten. Darauf beschränkte sich im wesentlichen unsere Sozialkontakte mit den anderen Gästen. Einmal setzte sich ein Paar aus Deutschland zu uns an den Tisch. Beide etwa Mitte 50, in Wanderkluft und mit aufgeregten Gesichtern. Sie hatten in uns wehrlose Opfer für eine Reiseberatung gefunden. Ungefragt gaben sie umständlich Tips für alle möglichen Touren in die Berge, die man unmöglich mit einem Kind machen kann. »Die windige Höhe« kreischte die Frau andauernd und pochte mit dem Finger auf die schließlich den gesamten Tisch bedeckende Karte. »Da müssen's hin. Die windige Höhe!« Ich begann, sie zu hassen.

In den nächsten Tagen wurde uns klar, worauf wir uns eingelassen hatten. Gut, daß dieses Hotel ein Flop war, ließ sich nicht voraussahnen. Aber daß wir nicht nachgedacht hatten und überhaupt mit unserem Kind in ein Hotel gegangen waren, statt uns ein Apartment zu mieten, war einfach nur schwachsinnig. Wir schliefen mit Henri in einem Zimmer. Also mußten wir ab 19 Uhr extrem leise sein, um ihn nicht zu wecken. Was hätten wir für eine kleine Mietwohnung mit zwei Räumen gegeben! So hätten wir wenigstens in normaler Lautstärke normale Abende verbringen können. Außerdem konnten wir Henri nie etwas kochen, mußten also mittags immer essen gehen. Abends jedoch bekam er seinen speziellen Brei. Der mußte mit Milch und Wasser aufgekocht werden. Also ging ich runter zur Bar (das Restaurant hatte zu dieser Zeit noch nicht geöffnet), gab der Bedienung die Packung, erklärte ihr die Zubereitung, wartete fünf Minuten und ging dann wieder mit dem dampfenden Teller nach oben. Das war sehr lästig. Insbesondere, weil ich manchmal mit meiner Breipackung in der Bar auf die Bedienung warten mußte und die anderen Gäste sich kichernd wunderten, was dieser seltsame junge Mann denn wohl Obskures essen wollte. Gesa konnte nicht hingehen. Da es in der Bar auch Laufkundschaft gab, wurde sie, wenn sie allein auf die Zubereitung von Henris Abendessen wartete, immer sofort in eindeutiger Absicht angesprochen. Die meisten Männer glauben anscheinend, daß eine junge Frau, allein in einem Lokal sitzend, prinzipiell den sofortigen Geschlechtsverkehr wünscht. Also hatte ich immer Brei-Dienst. Anschließend gingen wir dann essen. Fast ausschließlich im Restaurant unseres Hotels, weil Henri für längere Ausflüge nicht mehr fit genug war und bald ins Bett mußte. Wir legten uns dann immer in unseres, lasen oder sahen leise fern. Was sollten wir auch anders machen? Weggehen konnten wir ja nicht. Tagsüber flohen wir umgehend aus dem Hotel und versuchten, kleine Ausflüge in die Berge zu machen. Die meisten brachen wir nach ein paar Minuten ab. Entweder konnten wir Henris Buggy nicht mehr schieben, oder er wurde mir auf dem Rücken nach einiger Zeit zu schwer, oder aber er bekam einfach schlechte Laune, weil er sich nicht wunschgemäß bewegen konnte. Also machten wir Tagesausflüge zu irgendwelchen Seen, wo wir Henri auf einer Decke auch seinen Mittags- und Nachmittagsschlaf halten lassen konnten. Immerhin. Dann bekam ich Grippe. Wahrscheinlich vor Ärger! Nun lag ich

auch noch tagsüber in dem weichen Bett. Gesa war sturz-genervt! Zwei Kinder, um die sie sich kümmern mußte. Außerdem mußte sie nun doch abends in die Bar und er-klären, daß sie nicht auf einen Mann, sondern auf Brei warte. Als ich nach drei Tagen wieder genesen war, er-schienen uns unsere Mini-Ausflüge schon wie das Para-dies. Nur weg aus dem gruftigen Hotel! Die Mahlzeiten dort mit Henri liefen allerdings meist sehr harmonisch ab. Die alten Leute taten ihm ja nichts. Bis sich eine junge Familie mit einem etwa 20 Monate alten Jungen einmietete. Der schwarzhaarige Knabe war ungeheuer süß, ungeheuer laut und sehr ungezogen. Ständig schrie er sofort infernalisch los, wenn die gestreßte Mutter ihm

nicht in einer Zehntelsekunde das Brot oder den Saft vor die Stupsnase stellte. Henri, der gewöhnlich eher ein Freund des stillen Genusses ist, mochte den Kleinen nicht. Er war ihm einfach zu ungehobelt. Folglich schrie auch Henri immer, wenn der kleine Schwarzhaarige schrie. Hui, war das ein Lärm! Bald wurden sogar die alten Leute unruhig und zwinkerten Henri nicht mehr zu. Wir versuchten, uns woanders hinzusetzen, was aber nicht gelang, weil die Alten darauf bestanden, auf ihren angestammten Plätzen zu sitzen. Ich glaube, sie hatten insgeheim sogar Spaß daran, sich über die jungen Eltern mit den ungezogenen Bälgern aufzuregen. Es war ja schließlich sonst nichts los. Wenigstens die »Windige-Höhe-Tips« von dem aufdringlichen Ehepaar blieben uns jetzt erspart. Die beiden mieden uns fortan.

Nie wieder, schworen wir uns, würden wir mit unserem Sohn für längere Zeit in ein Hotel ziehen. Insbesondere, weil die Tatsache, daß dieses Hotel der Familie meines Freundes Paul gehörte, sich nicht als Vorteil, sondern auch noch als Nachteil entpuppte. Wir wurden als Pauls Freunde immer sehr zuvorkommend behandelt. Ständig erkundigte man sich, ob denn alles recht sei, was uns nach drei Tagen in seiner stereotypen Wiederholung von immer gleichen Phrasen zu nerven begann. Wir antworteten stets freundlich zurück und sehnten uns nach der Anonymität, die ich auf Reisen so schätze. Am zehnten Tag unseres Aufenthaltes gab Pauls Bruder im Lokal ein Fest für seine Jägerfreunde. Das ging bis tief in die Nacht und war infernalisch laut. Die Herren sangen abscheuliche Dinge wie »Ein Prosit der Gemütlichkeit« und betranken sich offenbar sinnlos. Gegen drei Uhr rissen sie dann die Stereoanlage bis zum Anschlag auf und begannen zu tanzen. Das hörte sich an wie ein Hunnenüberfall. Ich war hin- und hergerissen, ob ich nun runtergehen und mich beschweren sollte. Einerseits waren wir zahlende Gäste, andererseits waren wir Freunde von Paul, gehörten irgendwie zur Familie und hatten nach Pauls Aussage von seinem Bruder einen deutlichen »Kumpel-Von-Paul-Preisnachlaß« zu erwarten. Da wollten wir nicht spießig erscheinen. Also blieb ich zähneknirschend oben und hörte mir feiernde Jäger an. Bis heute bin ich noch nicht darüber weggekommen, daß wir später den vollen Preis für unseren Aufenthalt zahlen mußten. Pauls Bruder dachte gar nicht daran, uns auch nur einen Pfennig zu erlassen. Seine Freunde waren wir ja nicht. Hätte ich das seinerzeit bei der Jägerfeier gewußt: Zwei, drei verbale Blattschüsse hätten das wüste Treiben in Null Zeit beendet oder zu unserem sofortigen Auszug geführt.

Der Österreich-Urlaub ist uns nicht in bester Erinnerung geblieben, wie man sich denken kann. Wir hatten ein bißchen Pech gehabt, vor allem aber selber zu viele Fehler bei der Planung und Vorbereitung gemacht. Das sollte uns nicht wieder passieren. Andere Urlaube mit Henri liefen denn auch viel harmonischer ab. Zweimal waren wir zu dritt mit ihm auf der Insel Amrum. Die ist sehr kinderfreundlich und für einen Erholungsurlaub von etwa zwei Wochen genau das Richtige. Dort nahmen wir uns immer eine Ferienwohnung mit Kinderbett. So konnten wir abends in Ruhe lesen, uns unterhalten, ein Spiel spielen, Gäste empfangen oder fernsehen. Vor allem aber konnten wir die Wohnungen stets sofort

Henri-gerecht umbauen. Manchmal mieteten wir uns Fahrräder mit Kindersitzen und erkundeten die Insel, was Henri äußerst toll fand. Noch besser fand er es allerdings, in den dort zahlreich zu mietenden Bollerwagen herumgefahren zu werden. Allerdings hatten wir auf Amrum auch ein Erlebnis, das zum Ärgerlichsten gehört, das ich mit kinderlosen Mitmenschen bisher erlebt habe. An einem Tag besuchten wir ein Informationszentrum über die Fauna und Flora der Nordsee. In zahlreichen Aquarien schwammen Fische und Seesterne, und eines davon stand auf dem Fußboden, also in Kinderhöhe. Henri war bisher recht friedlich gewesen und ließ sich von mir die Fische zeigen. Als er jedoch das Fußboden-Aquarium entdeckte, wollte er unbedingt runter von meinem Arm, dort hineingreifen und mit dem Inhalt spielen. Das konnte ich natürlich nicht zulassen. Also begann Henri zu schreien – ziemlich laut. Entsprechend meiner grundsätzlichen Haltung, meine Mitmenschen möglichst nicht mit Kindergeschrei zu belästigen, nahm

ich also meinen brüllenden Sohn und ging in Richtung Ausgang. Kurz vor der Tür eilte ich an einem Pärchen vorbei. Beide um die vierzig, schick gekleidet und offenbar ohne Kinder. Die beiden blickten mißbilligend in meine Richtung, hielten sich demonstrativ die Ohren zu und schüttelten die Köpfe. Ich war schon draußen, als ich dann die Frau sagen hörte: »Daß man so was hier überhaupt reinläßt«. Ich erstarrte in der Bewegung. Adrenalin schoß in meine Blutbahn. In einer Millisekunde war ich auf hundertachtzig. Sofort drehte ich mich um, stürmte mit dem immer noch schreienden Henri wieder hinein, hielt ihn der Frau hin und sagte: »Zeigen Sie mir bitte mal den Knopf zum Abstellen«. Die Frau zuckte zusammen, guckte mich blöd an, sagte dann aber in herablassendem Ton: »Wenn Sie Ihr Kind nicht beruhigen können, dann müssen Sie eben rausgehen.« »Und was, zum Teufel, hab' ich wohl gerade gemacht?« schrie ich. »Ich war ja gerade am Rausgehen, um niemanden zu belästigen, und dann muß ich mir auch noch so eine Scheiße anhören.« Ihr Mann drängte sich jetzt zwischen uns. Aber das störte mich nicht, ich war mächtig in Fahrt. Da ich jetzt schrie, hatte Henri beschlossen, seine akustischen Aktivitäten einzustellen. Er saß auf meinem Arm und guckte mich verdutzt an. »Und wenn Sie mich und mein Kind noch mal als ›so was‹ bezeichnen, dann passiert was«, donnerte ich weiter. Ihr Mann, der gelackte Kerl, wollte gerade etwas antworten, als der Angestellte des Info-Zentrums einschritt und uns aufforderte, friedlich zu sein. Ehe weitere Diskussionen folgten, schob mich Gesa zur Tür. Ich brauchte noch eine ganze Zeit, um mich zu beruhigen.

»Aus dem Kind soll mal was werden«

Fürsorge zwischen Liebe und Leistungsdruck

Vor drei Jahren sorgte eine Mutter für Schlagzeilen. Die 35jährige Dorothea Dieckmann hatte ihr Buch »Unter Müttern – Eine Schmähschrift« veröffentlicht. Der herbe Rundumschlag gegen die moderne Mittelstandsmutti, von der Autorin als »bürgerlich-hegender Hausdrachen« beschimpft, schockierte die Öffentlichkeit. Immerhin meinte Dorothea Dieckmann bei Treffen mit anderen Müttern festgestellt zu haben, daß viele Frauen sich ausschließlich und voller Inbrunst nur noch als Mütter definieren und machtgierig, fanatisch und repressiv jede Neumutter zur Anpassung an ihre masochistischen Mutti-Rituale zwingen. »Sie ist die Reichsmutti im Muttiland«, schreibt Frau Dieckmann. »Liebe ist ihre Investition und Macht die Form von Kapital, die sie erstrebt, raffgierig und spekulationssüchtig.« Weiterhin geißelt sie den »mütterlichen Masochismus, der vor den Gefühlen und Bedürfnissen der Kinder ständig in die Knie geht«.

Das Buch, in seiner Wortwahl absichtlich ungerecht und provokativ, aber mit Inbrunst von der Seele geschrieben, erregte wohl deshalb soviel Aufsehen, weil es trotz aller berechtigten Kritik an Dorothea Dieckmanns rüden Beschimpfungen mütterlicher Schwerstarbeit einen wahren Kern enthält. Viele Mütter und nicht selten auch moderne Väter definieren sich tatsächlich nur noch als Eltern und ordnen diesem alles beherrschenden Sammelbegriff ihr ganzes Leben unter. Ich habe im Kapitel über das veränderte Freizeitverhalten nach der Geburt geschrieben, daß man eine bemerkenswerte Leidensbereitschaft entwickelt, die auch einen sonderbaren Lustgewinn beinhaltet. Aber alles hat natürlich seine Grenzen. Wer sich selbst vergißt, keine Zeit mehr für sich hat, nicht mehr Frau oder Mann, Freund oder Freundin, sondern nur noch Mutti und Pappi sein kann, der nervt nicht nur seine Mitmenschen, sondern wird früher oder später unzufrieden werden. Spätestens nach dem unvermeidlichen Weggang der erwachsenen Kinder werden diese 100-Prozent-Eltern schließlich in eine Art psychisches »Schwarzes Loch« fallen und sich nur noch nutzlos fühlen, fürchte ich. Ich möchte allen jungen Eltern raten, sich unbedingt beide (!) Zeit für sich selbst zu nehmen – ohne Kind. Diese »Zeit zum Luftholen«, wie es der Familien- und Kinderpsychiater Martin Greenberg formuliert, ist ungeheuer wichtig, weil sie einem hilft, sich selbst nicht in totaler Mütter- und Väterlichkeit zu verlieren.

Meine Frau und ich haben uns diese Zeit zum Luftholen immer genommen oder es zumindest versucht. Mal traf ich mich allein mit Freunden, mal Gesa. Mal paßten die Großeltern für den abendlichen Kinobesuch auf Henri auf, mal spielte er bei einem befreundeten Elternpaar mit dessen Kindern, und Gesa konnte endlich allein in ihrem geliebten Garten arbeiten usw. Auch wenn Mama und

Papa die wichtigsten Menschen für das Kind sein sollten – es ist gut für den Nachwuchs, auch andere Bezugspersonen zu haben und sich mal ohne die schützenden Hände der Eltern durchzusetzen. Vor allem sollte man, finde ich, den Kindern genug Freiraum lassen, sich selbst Freunde und Spielgefährten zu suchen und so soziales Verhalten zu lernen. Mütter und Väter, die unbedingt die »besten Freunde« ihrer Kinder sein wollen, mißverstehen etwas. Das ist nicht die Aufgabe von Eltern. Mama und Papa können nicht in allen Lebensbereichen die Nummer eins sein. Freunde muß sich das Kind schon selber suchen, möglichst ohne daß die Eltern sie allzusehr »vorsortieren«. Ich habe erlebt, wie Eltern, die sich durchaus als »linksliberal« bezeichnen, versuchten, ihre Kinder möglichst nur mit denen anderer Akademiker zusammenkommen zu lassen und den Kontakt mit Kindern »einfacherer Leute« zu vermeiden trachteten. Die geliebten Kleinen sollten zwecks besserer Zukunftschancen möglichst in einem kulturell hochwertigen Sozialmilieu gedeihen.

Nicht nur Dorothea Dieckmann, auch Psychologen und Soziologen, warnen immer häufiger vor diesen alles verschlingenden Eltern, deren altruistische Über-Fürsorge schnell in Leistungsdruck ausarten kann. Genau das ist nämlich die Kehrseite der sich selbst vergessenden Nur-Noch-Eltern. Sie machen die Kinderbetreuung, die gesamte Erziehung, zu einer alles dominierenden Lebensaufgabe. Sie wollen das Beste für ihr Kind, geben alles und fordern um so mehr. Der Amerikaner David Elkind hat dieses Phänomen in seinem Buch »Wenn Eltern zuviel fordern« hervorragend beschrieben und warnt darin eindringlich vor dem Wahnsinn, den Nachwuchs durch frühkindliche Ausbildungsprogramme zu »Superkindern« heranbilden zu wollen. Elkind klassifiziert in diesem Zusammenhang etwas plakativ, aber sehr pointiert die folgenden Eltern-Typen:

● Die Gourmet-Eltern, gutverdienende Karriere-Typen, die sich Erfolg und Status schwer erarbeitet haben und im täglichen Leben für sich nur noch das Allerfeinste für ausreichend halten. »Wenn Gourmet-Paare Eltern werden«, schreibt Elkind, »wenden sie bei der Kindererziehung häufig die gleichen Methoden an, mit denen ihnen der berufliche Aufstieg gelang«, überzeugt davon, »daß sie bei der Kindererziehung ebenso gute Arbeit leisten können wie damals beim Planen ihrer Karriere«.

Gourmet-Eltern stecken ihre Kinder in überteure, prestigeträchtige Kleidung, melden sie zu allen möglichen Kursen und Lernprogrammen an, besuchen mit ihnen teure, hochfeine Restaurants und versuchen, sie zu lebenden Prestige-Objekten zu formen«.

● Die Abitur-Eltern, Leute aus der Mittelschicht, die beruflich häufig mit Erziehung, Bildung oder Medien zu tun haben. Sie stellen eine solide Ausbildung über alles. Allein bestimmte Schul- und Universitätsabschlüsse garantieren in ihren Augen ein erfolgreiches und erfülltes Leben. Die Kinder sollen außergewöhnlich intelligent sein und ebenso außergewöhnliche Leistungen zeigen. Also werden sie schon im Vorschulalter unterrichtet, gefördert und in das wissenschaftliche Denken eingeführt. Abitur-Eltern interessieren sich brennend für Lehr- und Unterrichtspläne und sind bereits schwer besorgt, wenn der Nachwuchs nur mit einer Drei statt einer Eins oder Zwei nach Hause kommt.

● Goldmedaillen-Eltern, Leibesübungen-Fanatiker, die aus ihren Kindern unbedingt olympiareife Sportler machen wollen. Oft um ihre eigene Durchschnittlichkeit zu kompensieren. Steffi Graf und Boris Becker sind ihre Vorbilder. Die Kleinen werden also in allen möglichen Sportarten »ausprobiert«, bis man eine vermeintlich erfolgversprechende gefunden hat und sich mit einem Trainer auf ein gezieltes, frühkindliches Förderprogramm stürzt.

Elkind berichtet in diesem Zusammenhang von zehnjährigen Kindern, die sich bereits mit körperlichen Verschleißerscheinungen herumquälen, wie sie sonst nur für ältere Erwachsene typisch sind.

● Do-it-yourself-Eltern, die besorgt sind über die immer größer werdende Kluft zwischen Mensch und Natur. Dieser Eltern-Typ lebt zwar meist in der Großstadt, träumt aber von einem Leben auf dem Lande in einer Blockhütte, ernährt sich biodynamisch alternativ, liest Öko-Magazine und erzieht seine Kinder zu frühkindlichen Umweltschützern, Flora- und Faunaexperten und Technikhassern und läßt sie nur äußerst widerwillig in die Schule, würde sie viel lieber selber zu Hause unterrichten und beginnt damit schon im Krabbelalter.

● Überlebenstraining-Eltern, die die erzieherische Priorität darin sehen, ihre Kinder in die Lage zu versetzen, in einer grundsätzlich als feindlich empfundenen Umwelt zu überleben. Ständig haben sie alle möglichen existierenden Gefahren für ihre Kinder im Auge und wollen sie unbedingt in die Lage versetzen, mit allem fertig zu werden. Deshalb lernen schon ihre Babys schwimmen, damit sie nicht ertrinken. Deshalb trainieren ihre Kleinkinder Kampfsportarten, damit sie sich gegen Angreifer verteidigen können und bekommen in kommerziellen Kursen beigebracht, wie man böse Männer erkennt, die einen ansprechen könnten.

● Wunderkind-Eltern, die – selber außerordentlich erfolgreich – meinen, sie hätten Wunderkinder gezeugt und müßten über die normale, aber für die Förderung ihrer Kinder nicht ausreichende Schulbildung hinaus alles Mögliche tun, damit sie sich vorstellungsgemäß in Windeseile entwickeln. Wunderkind-Eltern kaufen Bücher mit Titeln wie »Wie Ihr Kind in sechzig Tagen lesen lernt« und lassen ihre Kinder Geige spielen und Japanisch lernen.

● Selbsterfahrungsgruppen-Eltern, die jedem neuen Psycho-Trend und jeder neuen Therapie-Mode verfallen und ständig Schlagworte wie »ganzheitlich«, »herrschaftsfrei« oder »soziale Beziehungen« im Munde führen. Viele solcher Eltern sind laut Elkind geschiedene Alleinerziehende oder zum zweiten Mal verheiratet und daher besonders empfindlich gegenüber Belastungen, die mit Trennung und Verlust einhergehen. Unbewußt übertragen sie ihre eigenen Idealbilder auf ihre Kinder, die sie sich, ihrer Psycho-Orientierung entsprechend, besonders sensitiv wünschen. »Sie wollen psychologische Superkids«, schreibt Elkind, und sprechen mit ihren Kindern so früh wie es ihnen möglich erscheint über den Tod, die Gefahren des Atomkriegs, Entführer und Triebtäter und finden Schamgefühl spießig.

● Milch-und-Kekse-Eltern. Die findet Elklind positiv, weil sie die Kindheit als wertvolle, vor allem unnötigen Streß zu bewahrende Lebensphase begreifen und die Entwicklungen ihrer Kinder nicht mit Lernprogrammen fördern, sondern die Fortschritte der Kinder mit Freude und Staunen beobachten und sie einfach mit Liebe und Anteilnahme versorgen, und der kindlichen Entwicklung ihren natürlichen Lauf lassen.

Natürlich sind David Elkinds Klassifizierungen grob vereinfacht, manchmal ungerecht und sehr plakativ. Und dennoch gab mir sein grobes Typen-Raster zu denken. In einigen Eltern-Typen fand ich mich zum Teil selbst wieder, in anderen Freunde oder Bekannte. Gerade weil Elkind Dinge mit dezentem Sarkasmus anprangert, die viele als »doch nur gut gemeint« entschuldigen würden, regt er zum Nachdenken an. All seinen Eltern-Typen ist gemeinsam, daß sie ihre Kinder irgendwie besonders fördern, über den Durchschnitt erheben, sie möglichst früh möglichst umfassend in ihrem Sinne ausbilden möchten. Und genau dies ist offenbar der Fehler. »Babys und Kleinkinder sitzen nicht einfach da, drehen Däumchen und warten darauf, daß ihre Eltern ihnen Lesen und Rechnen beibringen,« schreibt Elkind. »Sie wenden ungeheuer viel Zeit und Anstrengung dafür auf, die Welt um sich herum zu entdecken und zu verstehen. Gesunde Erziehung unterstützt und fördert dieses spontane Lernen. Früher Unterricht ist Fehlerziehung, nicht weil er lehren will, sondern weil er die falschen Dinge zur falschen Zeit lehren will. Wenn wir ignorieren, was das Kind lernen muß, und ihm stattdessen das aufzwingen, was wir lehren wollen, dann setzen wir Säuglinge und Kleinkinder einem Risiko aus, das ohne jeden Sinn ist.«

Elkinds Buch sollte zur Pflichtlektüre für alle jungen Eltern gehören. Ich glaube, der Mann versteht was von Kindern.

»Paul liebt Autos, Paula Puppen«

Wie Mädchen und Jungen erzogen werden

E s ist schon seltsam«, sagte unsere Freundin Sabine. »Wir haben das nie gefördert, eher im Gegenteil. Aber Paul ist ganz vernarrt in Autos. Das muß wohl doch irgendwie in Jungs stecken, daß sie sich für Technik interessieren.« Ich war verdutzt. Sabine galt als Linke. Von Vererbung und genetisch programmierten Verhaltensweisen hatte sie eigentlich nie etwas hören wollen. »Alles Prägung durch die Umwelt«, hieß es bei ihr immer. Und nun, bei einem harmlosen Gespräch über das Spielverhalten unserer Kinder, fing sie auf einmal an, ihrem Jungen eine geschlechtsspezifische Disposition für Technikbegeisterung zu unterstellen. Das war eine kleine weltanschauliche Revolution. Alle Anwesenden, darunter viele Eltern, sprangen sofort auf das Thema an. Wir waren eine bunt zusammengewürfelte Kaffeegesellschaft und saßen an einem heißen Sommernachmittag auf unserer Terrasse. Noch heißer wurde allerdings binnen Minuten unsere Diskussion über die Frage, was im Verhalten von Mädchen und Jungen nun anerzogen, vorprogrammiert oder Zufall sei. Jeder hatte etwas beizutragen. Gesas Schwester Alrun protestierte vehement. Dieses ganze, angeblich typisch männliche oder weibliche Verhalten sei selbstverständlich anerzogen. Es sei doch Schwachsinn zu glauben, Mädchen würden sozusagen durch den genetischen Code dazu gezwungen, mit Puppen zu spielen und sich in Röckchen wohl zu fühlen. Der Vater eines fünfjährigen Mädchens lachte daraufhin nur gequält und erzählte, daß er sich aber schwer über seine Tochter wundere: »Wir haben sehr bewußt versucht, sie nicht mädchenmäßig zu erziehen, so mit hübschen Kleidchen und schön brav sein und so«, erzählte er. »Aber was sollen wir machen? Auch wenn wir es überhaupt nicht wollen und es sogar schrecklich finden: Marie will immer nur hübsche Röckchen tragen, mit Puppen spielen, macht sich nicht gerne dreckig und spricht dauernd mit einer Piepsstimme. Das ist einfach so, und ihr könnt mir glauben, daß wir sie bestimmt nicht so erzogen haben.«

Gesa und ich konnten auch ein paar Anekdoten zur Diskussion beitragen. Henris erstes Wort nach Mama und Papa war »Auto«, obwohl wir auf dem Land in einer Sackgasse wohnen und durch unsere Straße äußerst wenig Autos fahren. Aber er sagte nicht zuerst »Muh-Kuh«, »Hund« oder »Katze«, sondern »Auto«. Und das mit einer Begeisterung, die mir unerklärlich ist. »Warum«, so fragte ich keck in die Runde hinein, »interessiert sich die kleine Lilly ein paar Straßen weiter praktisch überhaupt nicht für Autos?« Verstehen Sie mich nicht falsch. Ich wollte nicht der Vererbungstheorie das Wort reden. Aber ich hatte nun mal die Beobachtung gemacht, daß sich viele Kinder genau so geschlechtstypisch verhalten, wie es das Klischee vorschreibt. Und zwar auch bei Eltern, die eigentlich aufpassen, nicht in tradierte Erziehungsmuster zu verfallen: Jungen sind oft die kleinen Rauhbeine, Mädchen zurückhaltend und sanft. Jungen bauen Türme und Eisenbahnen auf, Mädchen spielen Familie und üben kochen. Natürlich wurden umgehend Gegenbeispiele gebracht. Aber letztendlich waren sich alle Teilnehmer unserer kleinen Diskussionsrunde einig, daß meine Beobachtungen im Prinzip richtig seien. Die Frage wäre nur, wie man sie interpretiert und wertet. Wir begannen, uns im Kreis zu drehen. Die einen behaupteten weiterhin, die Unterschiede seien genetisch bedingt, die anderen glaubten, daß Jungen erst zu typischen Jungen, Mädchen erst zu typischen Mädchen »gemacht« werden. Natürlich einigten wir uns nicht. Immerhin streiten sich über dieses Thema seit Jahrzehnten Pädagogen und Psychologen. Die Kernfrage ist offenbar nicht eindeutig zu beantworten. Sie sollte allerdings über die Ebene der Puppenstuben und Feuerwehrautos hinausgehoben werden. Ein Großteil des sogenannten geschlechtsspezifischen Verhaltens ist meiner Ansicht nach sehr wohl anerzogen, oft allerdings unbewußt. Kinder orientieren sich nun einmal hauptsächlich an Erwachsenen, insbesondere den Eltern. Ihre Spiele, ihr gesamtes Verhalten ist immer auch ein Spiegelbild des Erwachsenenlebens. Und da – bei allen Fortschritten in Richtung Gleichberechtigung – diese Gesellschaft Männern und Frauen in allen Schichten ziemlich feste Rollen zuteilt, darf man sich über die kindliche Imitation dieser Rollen wohl nicht wundern. Grob vereinfacht, sieht es doch zumeist so aus: Männer sind berufstätig, sind die Ernährer, sind hart, zeigen Kraft, Aggressionen, haben Hobbykeller, Arbeitszimmer, basteln und fahren meist den Wagen, wenn die Familie gemeinsam unterwegs ist. Frauen kochen, waschen, bügeln, erziehen, zeigen eher sanfte, verletzliche Seiten, sind für die Gefühle in der Familie zuständig. Männer sind abwesend, Frauen immer da. Und so erziehen sie ihre Kinder zwangsläufig normgemäß. Ganz einfach, weil sie ihren Kindern die tradierten Modelle vorleben. Dem bewußt entgegenzusteuern ist nicht leicht. Man weiß nicht, wie weit man gehen darf. Wo ist die Grenze zwischen Gleichmacherei und bewußter Erziehung gegen allzu überkommene Normen? Wann manipuliere ich mein Kind in eine Richtung, die ich will, das Kind vielleicht aber nicht? Ja, und dann erziehen Eltern ihre Kinder ja auch nicht allein. Was nützt das Anti-Puppen-Programm, wenn die Kleinen in der Werbung am Sonntagnachmittag ständig kleine Mädchen sehen, die – mit Weichzeichner verkitscht – glückselig Barbie ankichern, und im nächsten Spot ein paar Jungen im Raumfahrerdreß, die mit Laserpistolen Monster besiegen?

Die Werbung flüstert den Kindern ein: »So sind kleine Mädchen, so benehmen sich kleine Jungs.« Sogar Schulbücher vermitteln immer noch Rollenklischees und traditionelle Verhaltensmuster. Ich habe mir welche angesehen. Da heißt es dann in Beispielsätzen im Sprachbuch: »Chefarzt Dr. Müller untersucht einen Patienten, und Schwester Christa hilft ihm dabei.« Oder: »Martin steigt auf einen Baum, seine Schwester Petra hilft währenddessen der Mama in der Küche.« Warum ist nicht mal Schwester Christa die Chefärztin? Warum hilft nicht Martin der Mama? Auch in Kinderbüchern – von Pippi Langstrumpf und anderen positiven Ausnahmen einmal abgesehen – sind die Rollen in den meisten Fällen immer

noch eindeutig verteilt. Die Jungen und Männer erleben aufregende Abenteuer, sind die handelnden Personen. Mädchen und Frauen werden beschützt und gerettet, dürfen sich bedanken und den Herren applaudieren.

Im Kindergarten oder in der Schule sieht es nicht viel anders aus. Freunde von uns berichteten, wie ihre »geschlechtsneutrale Erziehung« durch Gruppendruck in Stunden zusammenbrach. Auf einmal wollten ihre Kinder das haben, was »alle haben«, und ihre »rauhbeinigen« Mädchen begannen auf einmal sich wie »kleine Damen« zu benehmen.

Typisch weibliche Verhaltensweisen, so konnte ich nachlesen, entwickeln Mädchen bereits im Alter von drei, vier Jahren. Die Verhaltensbiologin Dr. Gabriele Haug-Schnable dazu: »Sie schrecken eher zurück, meiden häufiger Konflikte, sind kompromißbereiter als die gleichaltrigen Jungen, das haben Beobachtungen im Kindergarten gezeigt. Mädchen werden häufiger und früher zum vernünftigen Handeln, zum friedfertigen Spielen aufgefordert als Jungen. Sie orientieren sich mit ihrem Verhalten an den Müttern. Erleben, daß die Mütter viele

Konflikte vermeiden und sich ungern in offene Auseinandersetzungen begeben.«

Es gibt also eine geschlechtsspezifische Erziehung, die Mädchen und Jungen bestimmte Interessen, Verhaltensmuster und Rollen zuweist, und es ist verdammt schwer, dem entgegenzuarbeiten, weil, wie gesagt, nicht nur die Eltern die Kinder sozialisieren, sondern die ganze Gesellschaft.

Natürlich stellten wir uns in diesem Zusammenhang auch noch die Frage, welche vermeintlich typisch männlichen und weiblichen Eigenschaften überhaupt als positiv und negativ zu bewerten sind. Welche Eigenschaften dürfen und sollen wir fördern, welche eher bekämpfen? Soll denn das kleine Mädchen hart, kämpferisch und rauhbeinig werden? Und soll der kleine Junge überhaupt seine verletzlichen, sensiblen Seiten zeigen, wenn ihn andere deshalb unterdrücken können? Dürfen wir als Eltern denn überhaupt ignorieren, daß wir nun mal ein kleines Mädchen oder einen kleinen Jungen haben, die wir erziehen müssen? Sollen wir unsere Kinder als Neutrum erziehen?

»Es gibt keine geschlechtsneutrale Erziehung«, schreibt in diesem Zusammenhang Katja Leyrer in der Zeitschrift »Eltern«. »Und selbst, wenn einem Mädchen das gleiche widerfährt wie einem kleinen Jungen, bedeutet es etwas Unterschiedliches. ›Männliches‹ Verhalten von einem Mädchen ist bis zu einer gewissen Grenze etwas Erstrebenswertes, ›weibliches‹ oder gar ›weibisches‹ Benehmen eines Jungen wird verachtet. Ein kleines Mädchen, das sich durchsetzen kann und auf Bäume klettert, wird immer noch eher Anerkennung erfahren als ein kleiner

Junge, der mit Puppen spielt, leicht weint und sich vor Raufereien drückt.«

Da muß man ihr zweifellos zustimmen. So ist nun mal unsere Gesellschaft. In ihr gelten männliche Normen. Gut, aber wie, zum Teufel, soll man denn nun die kleinen Jungen und Mädchen erziehen? Wir standen immer noch vor einem Rätsel. Zu diesem Thema sind Tausende von Büchern geschrieben worden, und ich werde diese Frage hier natürlich nicht beantworten können. Das einzige, was ich empfehlen kann, ist, sich den herrschenden Klischees nicht allzu unkritisch zu beugen. Unser Junge darf auch weinen, wenn er will, mit Puppen spielen und seine Gefühle zeigen. Aber er soll natürlich auch lernen, sich durchzusetzen und nicht immer nur einzustecken. Inwieweit das nun alles typisch weiblich oder männlich ist, ist uns, ehrlich gesagt, herzlich egal. Salopp gesagt: er soll kein Macho, aber auch kein Weichei werden. Und wenn wir, was ich hoffe, noch ein Mädchen auf die Welt bringen, dann soll es ebenfalls machen, wozu es Lust hat. Vor allem möchten wir verhindern, daß unsere Kinder irgendwelchen Geschlechterrollen gemäß »zurechtgebogen« werden. Welchen Sinn hat es, einen zurückhaltenden Jungen zu einem Raufbold machen zu wollen, nur weil es das männliche Ideal so will? Oder anders herum: Warum soll man ein kleines Mädchen zu »weiblicher« Zurückhaltung anhalten, wenn es nun mal eine kleine Draufgängerin ist?

»Wieder schwanger«
Das zweite Kind

Um uns herum schien die Fruchtbarkeitswelle ausgebrochen zu sein. Nahezu alle Paare, die wir kannten, bekamen plötzlich ihr zweites oder sogar drittes Kind. Henri war mittlerweile zwei Jahre alt, und wir wurden schon seit langem mit der etwas nervtötenden Frage bedacht, wann »es denn bei uns wieder soweit wäre«? Wir baten dann immer um Geduld. Schließlich muß so was in Ruhe geplant werden. Natürlich hatten wir über dieses Thema schon länger nachgedacht. Eigentlich war uns immer klar, daß wir mehrere Kinder haben wollten. Zu früh sollte das nächste aber auf keinen Fall »angesetzt« werden. Wir wußten von Freunden, wie anstrengend es ist, zwei Wickelkinder zu haben. Und außerdem wollten wir Henri auch nicht früher als nötig mit einem Konkurrenten oder einer Konkurrentin konfrontieren. Es sprach jedoch zu dieser Zeit nichts dagegen, mit der Neuproduktion zu beginnen. Henri würde bei der Geburt des Kindes fast drei und hoffentlich »stubenrein« sein, und Lust auf ein weiteres Baby hatten wir sowieso. Kein Wunder, bei all den kleinen Würmern überall in unserem Freundeskreis! Und außerdem, da waren wir uns mit den meisten einig, wisse man ja, daß Einzelkinder egoistischer, unsozialer und grundsätzlich schwieriger seien. Was, so kraß formuliert, allerdings blanker Unsinn ist. Als ich mich in der einschlägigen Literatur umsah, fand ich zahlreiche Untersuchungen und Beobachtungen, die solche Vorurteile widerlegen oder zumindest deutlich entschärfen. So ermittelte das Mannheimer Zentralinstitut für Seelische Gesundheit bei einer Untersuchung an 399 Kindern, die zweimal im Abstand von fünf Jahren untersucht wurden, daß sich »weder in der seelischen Entwicklung noch im Sozialverhalten« eine Differenz zwischen Einzel- und Geschwisterkindern feststellen ließe. Bei Intelligenztests schnitten die Einzelkinder allerdings besser ab. Entscheidend für die seelische Gesundheit sei nach den Mannheimer Forschungen der Zusammenhang der Familie, der Stil des Umgangs miteinander und die soziale Schicht, in der das Einzelkind aufwächst. Nun mag die Mannheimer Aussage, daß es keine Differenz im Sozialverhalten zwischen Einzel- und Geschwisterkindern gibt, etwas gewagt sein. Andere Untersuchungen finden sehr wohl Unterschiede, weisen jedoch allesamt den Einzelkindern keinesfalls die vielzitierten schlechten Eigenschaften zu, die ihnen gemeinhin unterstellt werden. Eine Analyse des Fachbereichs Erziehungswissenschaften an der Hamburger Universität ergab beispielsweise die folgenden Ergebnissse:

● Einzelkinder seien freundlicher, selbstbewußter und kontaktfreudiger, weil sie wegen der fehlenden Geschwister früher Kontakt zur außerfamiliären Welt aufnähmen.

● Einzelkinder seien häufig intelligenter und sprachgewandter, weil die Eltern mehr Zeit für sie haben und mehr mit ihnen sprechen.

● Einzelkinder zeigten dagegen bei Familienkrisen eher Verhaltensstörungen, weil sie nicht von der geschwisterlichen Solidarität aufgefangen würden.

● Einzelkinder zeigten ein Leben lang mehr Engagement und erreichten höhere Schulabschlüsse.

Was immer davon nun richtig oder falsch sein mag: Beide (und viele andere) Untersuchungen zeigen, daß zumindest die Fülle von angeblich schlechten Eigenschaften von Einzelkindern nicht den Tatsachen entsprechen kann. Da sind eine Menge Vorurteile im Spiel.

Wer also nun gern nur ein Kind hätte – aus welchen Gründen auch immer – sollte sich, meine ich, von diesen Vorurteilen nicht abschrecken lassen. »Wenn Kinder in Familien hineingeboren werden, die sie erwarten und die ihnen Raum zur Entfaltung reservieren«, schreibt Gerhard Bliersbach in der Fachzeitschrift »Psychologie heute«, »kann es für die Kinder nur gut sein. Eltern brauchen keine Angst zu haben, wenn sie Einzelkinder großziehen. Geschwister und Einzelkinder haben die gleichen Lebensaufgaben zu lösen: Das Sich-frei-machen von den familiären Bindungen, um für die Gestaltung der eigenen Beziehungen unabhängig zu werden, bei gleichzeitiger Loyalität der eigenen Familientradition gegenüber, das Gelingen der Elternschaft und der beruflichen Entwicklung.«

Für uns änderte sich durch diese Erkenntnis allerdings nichts. Wir wollten weiterhin ein zweites Kind. Allerdings hielten wir uns jetzt etwas zurück mit den vorschnellen Urteilen, wenn es um das Thema Einzelkinder ging.

Unser nächste Baby wurde also im Gegensatz zu Henri

generalstabsmäßig geplant. Wir verbannten die Verhütungsmittel in den Schrank und genossen Sex, ohne aufpassen zu müssen. Doch das gewünschte Resultat blieb erst mal aus. Zwei Monate vergingen, und Gesa wurde nicht schwanger. Was eigentlich überhaupt nicht problematisch ist. Aber Gesa hatte von so vielen Frauen gehört, die nach der ersten Geburt nicht oder nur sehr schwer wieder schwanger geworden waren, daß sie sich sofort Sorgen machte und Angst hatte, unfruchtbar zu sein. Zum Glück klappte es dann im dritten verhütungslosen Monat, und das Thema war vom Tisch.

Es war ein Sonntag. Wieder hatten wir uns einen Schwangerschaftstest besorgt, als Gesas Regel ausgeblieben war. Henri spielte mit seiner Holzeisenbahn. Wir lagen im Bett und warteten. Diesmal guckte Gesa als erste nach. Das Ergebnis war nicht sofort zu erkennen, weil sie etwas zu früh auf das kleine Reagenzglas schaute. Aber ein paar Minuten später war es klar: wieder schwanger. Wir nahmen diese Erkenntnis allerdings mit fast schon beunruhigender Gelassenheit hin. Wenn ich da ans erste Mal zurückdenke – Mann, was waren wir »ergriffen«. Wir fanden es beide etwas befremdlich, aber diesmal wollten Rührung und selbstversunkene Lebensbilanzierungen nicht so recht aufkommen. Zwischen Henri und dem farbigen Befund in dem Schwangerschaftstest-Röhrchen lagen einfach Welten. Vielleicht wollten wir uns auch unbewußt schützen. In unserem Freundes- und Bekanntenkreis waren gerade die zweiten Schwangerschaften sehr oft in den ersten Wochen schiefgegangen. Wenn sich so eine »Fehlgeburt« früh genug ereignet und die Eltern noch keine intensive Beziehung zu dem Unge-

borenen aufgebaut haben, können sie sie nach meinen Beobachtungen noch recht gut verkraften. »Es war eben ein Windei«, sagte eine unserer Freundinnen und hoffte, daß es beim nächstenmal wieder klappen würde. Angst, daß irgendwas nicht in Ordnung sein könnte, hatten sie und ihr Mann natürlich trotzdem. Ein Körper ist eben keine Maschine, die immer richtig funktioniert, solange sie ordentlich gewartet wird. Manchmal beschließt der Körper der Frau eben, daß ein befruchtetes Ei jetzt gerade nicht sehr passend ist und stößt es ab. Das muß man akzeptieren. Bei den Frauen, die wir kannten, klappte es nach einem solchen »Windei« beim nächstenmal übrigens wieder prima. Sie haben mittlerweile gesunde Kinder auf die Welt gebracht.

Wir hatten diese Dinge nicht vergessen und hielten uns vielleicht auch deshalb mit vorschnellem Jubel zurück. Gesa sprach es dann auch aus und sagte, etwas unmedizinisch, aber ganz Hobby-Gärtnerin: »Es muß ja erstmal anwachsen.« Natürlich freuten wir uns trotzdem. Erst einmal, weil jetzt ja bewiesen war, daß Gesa wieder schwanger werden konnte (was ich im Grunde nie bezweifelt hatte), und dann, weil es trotz aller berechtigten Zweifel ja doch wahrscheinlich war, daß alles glattgehen würde. Nur sicher war es eben nicht, und deshalb beschlossen wir, uns erst mal nicht allzusehr zu freuen und in Ruhe abzuwarten.

An dieser Situation änderte sich auch nach ein paar Wochen nicht viel. Gesa litt, im Gegensatz zu ihrer ersten Schwangerschaft, an regelmäßigen Übelkeitsattacken und Bauchweh, was sie ziemlich nervte. Das Kind, das da langsam heranwuchs, war noch etwas sehr Abstraktes. Weil wir es leicht verlieren konnten, personifizierten wir nicht, vertagten die Namenssuche und gaben uns cool. Erst als Gesa das erste Mal bei ihrer Frauenärztin den Herzschlag des Fötus hörte, begann sie, zärtliche Gefühle zuzulassen. Außerdem veränderte sie sich gegen Ende des dritten Monats wieder auf die für mich so sinnliche Weise. Der Bauch wölbte sich ganz leicht, und ihr Busen wurde voller. Auf einmal kamen mir wieder die Erinnerungen an Henris erste Bewegungen im Mutterleib, die ich spüren konnte, an die Bilder von der Ultraschall-Untersuchung und meine Gespräche mit meinem Sohn, als er noch in Gesas Bauch herumtobte. Jetzt begann ich mich langsam richtig zu freuen. Die ersten drei Monate waren fast überstanden, und ich hoffte inbrünstig, daß

»es richtig angewachsen« war. Wir wollten ganz gern ein Mädchen. Aus Proporzgründen. Aber ein Junge dürfte es selbstverständlich auch sein. »Hauptsache gesund« hieß wieder das Motto, und so meinten wir es auch. Unsere Eltern und Freunde reagierten auf die Nachricht, daß Nummer zwei unterwegs sei, mit freudiger Gelassenheit. Zum Glück äußerte niemand Bedenken, ob wir das denn schaffen würden usw. Anscheinend fanden alle, wir hätten es bisher mit Henri recht gut hingekriegt. Und da will ich niemandem widersprechen. Unser Sohn kapiert zum Glück noch nicht, was da auf ihn zukommt. Daß wir dauernd auf Mamas Bauch zeigen und »Baby« sagen, hält er für einen Scherz, lacht pflichtschuldig und wendet sich wieder dem Zerstören von CD-Hüllen und dem Verwüsten von Fotoalben zu. Er wird noch früh genug mitkriegen, daß er sich seine Eltern mit der Nummer zwei teilen muß. Und das wird wohl Ärger geben.

»Mein Mann als Vater«

Ein Kapitel aus Gesas Sicht

I ch war natürlich die erste Leserin von Kesters Buch. Immerhin ging es darin ja auch sehr häufig um mich. Immer, wenn er wieder ein Kapitel fertig hatte, bekam ich einen Ausdruck, las es durch und machte meine Anmerkungen. Und nicht nur das. Ein paarmal widersprach ich ihm auch. Er wiederum betonte, daß es schließlich um seine Sicht der Dinge ginge. Aber meine Anmerkungen und Kritik ignorieren wollte er auch nicht (wie nett!). Also beschlossen wir, daß ich in seinem Buch ein eigenes Kapitel bekommen sollte, in dem ich das eine oder andere aus meinem Blickwinkel schildern könnte. Ja, und nun bin ich also dabei, meine Sicht der Dinge zu schildern, und weiß gar nicht recht, womit ich anfangen soll. Vielleicht erst einmal mit etwas Grundsätzlichem. Ich bin mit Kester als Vater prinzipiell ziemlich zufrieden. Er macht das recht gut. Wenn ich da andere Exemplare seiner Gattung sehe, dann bin ich schon sehr froh, daß ich nicht mit ihm darüber diskutieren muß, daß auch er Henri wickelt und ins Bett bringt, genau wie ich. Dennoch gibt es natürlich eine ganze Reihe von Dingen, bei denen wir uns uneinig sind und die ich mir anders wünschte.

Als ich schwanger war, habe ich mich zum Beispiel ziemlich darüber geärgert, daß er ein paar dezente Andeutungen machte, er hoffe, ich würde auch nach der Geburt so knackig sein wie vorher. Klar, hoffte er das. Ich auch! Aber ich fand es typisch männlich und ziemlich blöd, schon Monate vor der Geburt Angst zu haben, daß mich vielleicht der eine oder andere Schwangerschaftsstreifen »entstellen« könnte. Er hat sich dann tausendmal entschuldigt und erklärt, das sei ihm nur so im Kopf rumgegangen. Aber das Signal in meine Richtung war angekommen: Achte auf deinen Körper! Eine gänzlich überflüssige Aufforderung. Als ob ich nach der Geburt dick und unförmig in Sack und Asche rumlaufen wollte. Aber, Schwamm drüber. Das Thema kam nie wieder auf die Tagesordnung, und das war auch sehr gut so.

Als damals feststand, daß ich schwanger war, haben wir uns beide ziemlich intensiv mit dem Thema auseinandergesetzt. Ich erinnere mich noch sehr gut, daß Kester allerdings recht schnell anfing, alles abzulehnen, was seiner Meinung nach zu sehr in Richtung »alternativ« ging. Das hat mich manchmal genervt. Natürlich wollte auch er eine möglichst sanfte Geburt, wollte mich und sich nicht den vermeintlichen Sachzwängen der Apparatemedizin aussetzen. Aber wahnsinnig aufgeschlossen war er nun auch nicht gerade, wenn es um die verschiedenen Alternativen ging. Er wollte eigentlich die Quadratur des Kreises: maximale Sicherheit, aber auch Kuschelatmosphäre, schnell nach der Geburt mit dem Kind nach Hause, aber bloß nicht zu früh. Einen guten Schwangerschaftskurs, aber bloß keine fernöstlichen Weisheiten usw. Manchmal hat mich schon gestört, daß bei ihm immer zu schnell Dinge in verschiedene Schubladen gesteckt wurden. Er hat die Katastrophe in unserem ersten Schwangerschaftskurs bei den »Turbanträgern« ja ausführlich geschildert. Recht treffend und nicht mal übertrieben, auch wenn das manchmal so klingen mag. Aber daß er sich danach nur noch mit Mühe dazu durchringen konnte, ein bißchen Meditation mitzumachen, fand ich ziemlich blöd. Ich hab' mich über unser Erlebnis mit den »Yoga-Gurus« vor allem köstlich amüsiert. Komisch, daß Männer sich so oft von solchen Kleinigkeiten nerven lassen.

Unsere Auseinandersetzungen, als wir dann in Mariannes Schwangerschaftskurs waren, hat Kester ja angesprochen. Vielleicht nicht ganz so ausführlich, wie ich es getan hätte. Denn es hat schon ein paarmal ordentlich gekracht. Ich finde bis heute, daß er sich damals zu sehr angestellt hat. Diese Angst, sich als Mann lächerlich zu machen, kann ich nicht ganz nachvollziehen. Vor allem, seit

ich weiß, daß die Männer in anderen Kursen noch ganz andere Sachen mitmachen müssen und Marianne auch im Hinblick auf die Männerpsyche eher zu den sanften Lehrerinnen gehört. Aber, was soll's. Letztendlich hat Kester ja gut mitgemacht und fand den Kurs am Ende schließlich selber toll.

Bis zum Schluß allerdings konnte er sich nicht recht mit den beiden 100-Prozent-Vätern in dem Kurs abfinden, die in seinen Augen die besseren Mütter sein wollten. Auch das fand ich übertrieben. Ich verstehe nicht, daß er sich über diese Typen so wahnsinnig aufregen konnte. Irgendwie scheint ihm das auch ein bißchen Spaß gemacht zu haben. Mich hat sein Gepöbel auf der Nachhausefahrt nach einiger Zeit allerdings ziemlich genervt.

So, jetzt aber mal wieder etwas Positives. Das Thema »Sex in und nach der Schwangerschaft« war für uns grundsätzlich wirklich kein Problem, abgesehen davon, daß ich mich etwas unförmig und somit eher »mittel-sexy« fand. Kester hat sich so verständnisvoll benommen, wie ich es von ihm – ehrlich gesagt – aber auch erwartet habe. Wenn ich höre, was andere Männer so veranstalten, dann läuft es mir nur kalt den Rücken runter.

Den Tag der Geburt werde ich natürlich nie vergessen. Kester war so aufgeregt, daß er beinahe den Weg nicht gefunden hätte. Aber während der Entbindung hat er mir sehr geholfen. Er war regelrecht ein Fels in der Brandung. Bloß hinterher brach wieder seine apokalyptische Ader durch, und er fragte – für meinen Geschmack etwas zu häufig –, ob Henri denn wirklich gesund wäre, und warum er so komische Augen hätte? Dabei hatte er gar keine komischen Augen. Das einzig Komische war mein

Mann, der nach der erfolgreichen Entbindung offensichtlich ein wenig durchzudrehen schien. Aber das gab sich wieder. Zu Hause fühlte ich mich von ihm und von Silke, unserer Hebamme, toll umsorgt. Es war einfach wunderbar, daß Kester ganze vier Wochen Urlaub hatte. Ich kann mir eigentlich gar nicht vorstellen, daß andere Männer schon nach ein paar Tagen wieder zur Arbeit wollen (oder müssen). Für mich war es einfach selbstverständlich, daß mein Mann jetzt bei uns war.

Kester gab sich alle Mühe, die für ihn in dieser Intensität ungewohnte Hausarbeit zu bewältigen, stellte sich manchmal aber etwas dusselig an. So schwer ist die Bedienung einer Waschmaschine ja nun wirklich nicht! Erst da fiel mir auf, daß er wirklich nicht wußte, wie man Buntwäsche wäscht, und das fand ich schon ein wenig peinlich. Für uns beide, versteht sich. Wir wollten doch immer ein modernes Paar sein, und hier kamen auf einmal ein paar Stereotypen zu Tage, über die man schon mal nachdenken müßte. Dank der Unterstützung meiner Mutter mangelte es mir und Henri aber an nichts. Wir bekamen viel Besuch, was Kester einerseits freute und andererseits streßte. Er hatte nämlich ständig Angst, jemand könnte Henri mit irgend etwas anstecken. Wenn dann jemand hustend die Treppe zum Schlafzimmer raufkam, in dem Henri und ich lagen, hätte er der betreffenden Person wohl am liebsten sofort einen Mundschutz verpaßt. Ich war nicht ganz so besorgt, war aber auch unsicher, wie dicht man denn nun erkältete Menschen an sein Kind lassen kann. Kesters Eltern, die in diesen Tagen beide eine starke Erkältung hatten, durften Henri sogar nur hinter einer Glastür angucken, was sie –

wohl nicht ganz zu Unrecht – etwas befremdlich fanden. Aber junge Eltern sind nun mal ein wenig sonderbar, dafür muß man ein bißchen Verständnis haben. Ab und zu ging es allerdings in Sachen Angst etwas zu sehr durch mit Kester. Wenn jemand anderer als er oder ich Henri auf dem Arm hatte, wurde er manchmal ganz unruhig und erklärte dann Müttern von drei Kindern, wie sie ein Baby halten müßten. Ich muß aber zu seiner Entlastung anmerken, daß es tatsächlich Leute gibt, die offenbar eine angeborene Ungeschicklichkeit im Umgang mit Babys und Kleinkindern besitzen. Bei denen knicken wirklich immer die kleinen Köpfchen ein, weil vergessen wird, sie zu stützen und die Kleinen hängen in den Armen solcher Menschen oft ein wenig »sackartig und unglücklich herum«, wie Kester es einmal recht treffend formulierte.

Trotzdem übertrieb er es manchmal mit seinen guten Ratschlägen. Seine Mutter wurde einmal sogar regelrecht

sauer, als ihr Sohn ihr erklärte, daß sie mit Henri auf dem Arm beim Fahren auf einer Rolltreppe aber bitte vorsichtig sein müsse. Frau Schlenz schüttelte nur empört den Kopf, und Kester versprach, sich zu bessern, als ihm klar wurde, was er für einen Unsinn geredet hatte.

Natürlich habe ich auch Angst um unseren Sohn. Das macht mir manchmal schwer zu schaffen. Ich finde sogar, das einzig Negative an der Elternschaft ist, daß man plötzlich so intensive Verlustängste entwickelt. Aber wann immer mich wieder so eine Angstattacke befällt, versuche ich, sie zu verdrängen. Kester fällt das noch schwerer als mir. Der Gedanke, Henri durch Krankheit, einen Unfall oder die Unachtsamkeit anderer verlieren zu können, ist ihm ständig präsent und belastet ihn. Da muß er noch viel an sich arbeiten, um sich nicht verrückt zu machen. Einerseits freue ich mich, daß er immer so gut auf unseren Kleinen aufpaßt. Andererseits darf das nicht dazu führen, daß er es anderen Leuten fast nicht zutraut, ein Kleinkind beaufsichtigen zu können. Leider haben ihn zwei, drei negative Erlebnisse in seiner überkritischen Sicht der Dinge bestärkt. Einmal ist Henri seinem Babysitter während der Gartenarbeit abgehauen. Unser Nachbar hat ihn dann fröhlich plappernd vom Fenster aus gesehen und ihn zurückgebracht. Sonst wäre der Kleine womöglich auf die nahe Kreisstraße gelaufen. Als Kester davon erfuhr, ist er fast durchgedreht. Zu Recht, wie ich finde. Man muß sich schon darauf verlassen können, daß die jeweiligen Babysitter ihren Job so ernst nehmen, wie es eben nötig ist. »Nur mal eben schnell etwas wegbringen« und das Kind trotz ungesichertem Grundstück aus den Augen zu lassen, ist einfach fahrlässig und darf nicht passieren. Solche Erlebnisse haben meinen Mann natürlich darin bestärkt, daß man eigentlich fast niemandem trauen kann, wenn es um die Sicherheit seines Kindes geht. Ich sehe das etwas anders. Wenn man einen solchen Vorfall mit allen Beteiligten richtig bespricht, wiederholt er sich sicher nicht. Man kann nicht sein ganzes Leben lang mißtrauisch sein.

Die obligatorischen »kleinen Unfälle« sind uns im übrigen ja auch passiert, obwohl Kester vorher getönt hatte, uns würde der Kleine nicht von der Wickelkommode oder aus dem Hochstuhl fallen. Seither ist er etwas vorsichtiger mit vorschnellen Vorwürfen. Zum Glück hatte Henri bisher immer einen Schutzengel. Ihm ist bei diesen kleinen Unfällen nichts passiert, und wir hoffen inständig, daß es auch in Zukunft so bleibt.

Henris Entwicklung betrachten wir beide mit zufriedener Gelassenheit. Was Kester über den »Terror der Gedeihkurven« geschrieben hat, berücksichtigt er glücklicherweise auch selbst. Wir lassen uns nicht verrückt machen. Henri ist nicht der Allerschnellste. Aber er ist ein Wonneproppen und macht stetig Fortschritte. Ob die immer zu den Lehrbuchangaben passen, ist uns herzlich egal.

Einig sind wir uns allerdings nicht, was die Frage des Impfens betrifft. Kester ist, wie sollte es auch anders sein, eher der Sicherheitsfanatiker und will maximalen Schutz. Ich sehe das Impfen etwas kritischer und frage mich, ob man nicht das eine oder andere weglassen könnte, weil meiner Ansicht nach nicht jede Impfung nötig ist, durchaus Risiken bestehen und nicht jede Krankheit ein »nur« negatives Erlebnis für das Kind ist.

Der Streit dauert bis heute an. Zur Zeit diskutieren wir gerade die Frage, ob Henri die Masern-Röteln-Mumps-Kombinationsimpfung bekommt. Ich will es eigentlich nicht, aber Kester ist hartnäckig und schleppt dauernd medizinische Warnungen aus Ärztezeitungen an und wirft mir unnötige Wagnisse vor. Mal sehen, wie wir uns einigen.

In seinem Kapitel über Aggressionen und Ängste hat mein Mann geschildert, wie ihm ein paarmal die Sicherung durchgebrannt ist und er Henri ziemlich doll ange-

schrien hat. Darüber war ich natürlich nicht begeistert. Aber erstens ist es selten vorgekommen, zweitens konnte ich ihn in den meisten Situationen ein bißchen verstehen, und drittens behalte ich auch nicht immer die Nerven. Außerdem hat er wirklich dazugelernt und kann sich in letzter Zeit ziemlich gut beherrschen. Mittlerweile hat er sogar ganz allein ein paar ungeliebte Aufgaben übernommen, bei denen ich nicht weiterwußte, und beweist da stahlharte Nerven. Putzen Sie mal jeden Abend einem schreienden Jungen die Zähne! Wir haben alles versucht, um das in Frieden durchzuziehen. Wir machten es ihm geduldig vor, bettelten um Zugang zu seinem Mund mit einer kleinen Kinderzahnbürste. Henri verweigerte sich konsequent. Schließlich schaffte Kester es, indem er Henri erlaubte, ihm die Zähne zu putzen, während er dann Henris putzte. Henri schob ihm dabei die Zahnbürste ein paarmal »bis hinters Gaumensegel«, wie er behauptete. Irgendwann ging auch das Parallel-Putzen nicht mehr, und nun mußte Kester erst Henris Teddy, dann einem Frosch und schließlich dem Nilpferd Lilly die Zähne putzen, ehe Henri den Mund aufmachte. Als das auch nicht mehr klappte und Henri vor dem Zähneputzen in sein Papphaus floh, mußte eine härtere Gangart eingeschlagen werden. Kester packte sich unseren Jungen und putzte kurz ein- zweimal gegen dessen Willen über seine Zähne. Er läßt sich die Zahnpflege mittlerweile pöbelnd, kreischend, aber ohne weitere Widerstände gefallen. Wie gesagt, ich habe mich gewundert, daß Kester, der sonst bei viel geringeren Anlässen ausgeflippt ist, dabei so eine Engelsgeduld entwickelt hat. Er hat sich jetzt wirklich besser im Griff.

Etwas gebraucht hat er auch, bis er eingesehen hat, daß unsere Wohnung nun mal mit Kind nicht mehr so nett und sauber aussehen kann wie vorher. Anfangs hat er sich noch ziemlich angestellt, wenn Henri Brei verteilte oder Gläser umstieß. Inzwischen bekennt er sich zähneknirschend zu unserem gemeinsamen Motto: Die kindgerechte Wohnung ist dreckig und sieht ätzend aus. Aber ich weiß, daß er darunter etwas mehr leidet als ich. In seinem Arbeitszimmer ist es jetzt um so aufgeräumter. Sozusagen als Ausgleich. Aber seit Henri weiß, wie er die Zimmertür aufbekommt, hat auch da sein Siegeszug begonnen. Er hat dort, gegen Kesters erbitterten Widerstand, schon ein paar Spielzeugdepots angelegt. Von diesen »Brückenköpfen« aus wird ihm auch die Eroberung des restlichen Territoriums gelingen. Da bin ich sicher.

Richtig eifersüchtig auf Henri oder mich ist Kester zum Glück nie gewesen, oder er hat es mir zumindest nicht gezeigt. Ich weiß, daß er mich manchmal beneidet, daß ich soviel Zeit mit Henri verbringen kann, während er oft abwesend ist. Aber am Wochenende und abends zu Hause versucht er das nachzuholen und kümmert sich sehr intensiv um unseren Sohn. Der dankt es ihm mit wahrhaft herzzerreißenden Reaktionen. Morgens, wenn Kester aus dem Haus geht, kommt Henri angelaufen, packte Kester an beiden Ohren, zieht ihn zu sich runter, gibt ihm einen feuchten Kuß und grölt: »Düs, Papa!«. Anschließend gibt's dann eine Winke-Winke-Orgie. Das sieht aus wie in einer kitschigen Familienserie. Aber ich weiß, daß Kester es genießt, wenn Henri ihn so verabschiedet oder sich abends freut, wenn er nach Hause kommt und gleich auf dem Sofa »toom« (toben) will.

Natürlich hat sich unser Freizeitverhalten extrem verändert, seit Henri da ist. Mein Mann hat das ja ausführlich geschildert. Ich bin froh, daß Henri 1991 geboren ist und nicht schon fünf Jahre früher. Ich denke, daß Kester da noch viel mehr Schwierigkeiten mit der Einschränkung seiner Freiheit gehabt hätte als jetzt. Heute kommt er damit gut klar. Aber er hat schließlich auch seine Kumpel-Rituale, trifft sich alle zwei Wochen mit alten Freunden zum »Zocken«, lacht sich mit seinem Freund Mark ganze Abende lang kaputt oder ist mit der »Viererbande« unterwegs. Das sind drei andere Journalisten, mit denen er sich zum Essen, Quatschen und vor allem zum Rumalbern trifft. Ja und dann hat er auch seinen Beruf,

der ihm beneidenswert viel Abwechslung bietet. Manchmal denke ich, daß er genau deshalb nicht immer genug Verständnis für mich und meine Situation hat. Es ist zwar toll für mich, mit Henri zusammenzusein, aber es bedeutet auch, den ganzen Tag zu Hause sein zu müssen und kaum etwas für mich tun zu können. Und das kann nerven. Sehr nerven. Aber das verstehen wohl nur Leute, die das selber jeden Tag erleben. Berufstätige Männer denken da leicht, daß sie eigentlich die »richtige« Arbeit machen, während die Frau zu Hause ein bißchen rumwurschtelt. So eine Sicht der Dinge will ich meinem Mann keineswegs unterstellen. Aber manchmal blitzt etwas aus dieser Richtung ein ganz klein bißchen durch, und das reicht schon, um mich auf die Palme zu bringen. Mal sehen, ob wir die Aufteilung in »Ernährer« und »Hausfrau« immer so beibehalten. Eigentlich habe ich das nicht vor. Und wenn es dann soweit ist, daß ich wieder in meinem Beruf arbeiten will, dann wird es sicherlich interessante Diskussionen geben. Dann muß Kester nämlich Farbe bekennen und zeigen, wie weit das geht mit dem Selbstverständnis als »moderner Mann«. Ich bin gespannt.